楊宗樺／著
劉宜霖／譯

找回被遺忘的愛與喜

遇見，最真實的自己

LOVE

你從來就不是做得不夠，而是做得太多。

讓愛自然找到你，讓喜主動豐盛你。

自序

理解內在的能量

我覺得撰寫這本書就是我人生的使命之一。我很難解釋這個現象，但是當我在敲著鍵盤的同時，這種使命感也同時存在。雖然到了夜深人靜，眼皮已經倦怠，但是雙手仍然會不停的寫著。雖然在閒暇時間好好休息很誘人，但我還是堅持寫下去。我不確定為什麼我會不斷地寫，我只是感覺自己就是把這本書公諸於世的一個工具。我不知道他人將如何看待這些文字，但是我並不在乎面對他們的批評。

我已經做好充分準備，接受他們閱讀這些文字時的所有反應。有些人或許會覺得這些文字很有幫助、具啟發性，而其他人或許會覺得這些觀念沒有意義、誤導人。有些或許覺得這些故事很有趣，而其他人可能會覺得很感人。我很理解每個人都來自不同文化和歷史背景，所以對於故事的內容也有不同的詮釋。說不定當我年紀更長，再重新閱讀這些文章時，也會有不同的觀感。

當我們放下對事情對與錯的判斷時，內心必然會是安詳平靜的。請記得這些也不是什麼新觀念，只不過是語序重組、看起來賦予嶄新意義的文字。對於這些觀念，我從小便有所領略。

你到底是誰？

假如你大聲將這本書唸出來，那麼將會聽聞，我將與你分享來自我生命哲思的聲音。倘若是以默唸的方式，那麼這本書就會是浮現在你腦際的聲音。但願來自我心底的這些真誠而嶄新的音聲，能夠使你深思自身經歷，以及更深刻地探究生命的真相。

生命所呈現的，絕對不是其表面的意義，你永遠都有有機會察覺到其背後更深層的意義。請不要以邏輯思考推論，也不要用語言文字來論斷，你只要用心感受即可，好好體會這本書將要傳達給你的訊息，此時此刻看到這些字的人，彼此都是有緣份的。請以純淨無染的心，觀察你的每個行為和念頭，這樣，你將會開始覺醒，並重新體驗不同的感覺。

我很感恩能夠促成這本書出版的種種因緣，這本書之所以誕生，是因為我個人內在有某些極為深刻，值得和大家分享的人生經驗。更感謝所有在我生命中發出光和熱的人，感謝你與我分享你的人生經驗，有些故事原屬私人經歷，並不是每個人都願意分享的。因為不執著生命中所發生的一切，因此所有的故事都沒有署名，但求分享，不執著身名，邀請有緣的人試著從不同的角度看待我們的生命。

這本書是無關乎宗教的，但有好幾個有趣的啟示來自不同宗教。有些是科學的實證、個人經驗談，或與靈界接觸的事件，還有對人生目標不同層次的體悟。如果這些文字感動了你的心靈，那麼請好好感受這善緣。假如某些故事和想法對你來說太陌生，那麼就單純地閱讀，在心中播下種子，當作一種消遣。

你是否非常在意別人如何看待你？你是否能夠做自己的主人？你到底是誰？為什麼你會活在這個世上？問了這一連串問題的人到底是誰？為什麼需要知道這些問題的答案？當我們看著別人的故事，便能夠反映出自己的經歷，並更深入地認識自我。我們可以從觀察任何事物的表層實相著手，慢慢地去了解其更深層的含意，或許你就能夠從中體悟到自己存在的價值。我們的存在是否意味著某些任務正等待我們去執行？我們的生存到底是命運還是純屬偶然？

在這本書中，無所謂對錯，僅僅是我的意見分享、嘗試溝通，以及與更多的人有寶貴的生命互動。

倘若你發現某些經驗能夠對你的生命有所啟示，那麼請與他人分享。如果你覺得這些故事對你沒什麼幫助，那麼請靜靜聆聽，在你心中播下善因。這些種子或許無法當下發芽，但是請允許流動的發生，待因緣成熟之時種子必會茁壯成長。與此同時，你可以說出你的意見，以自己對生命的認知來幫助他人。

我們都來自不同的時空，所以相同一個故事對不同的人而言，有可能具備不同的含意。故事中的主人翁都還在不斷學習。學習的速度因人而異，每一則故事都以不同的方式呈現。故事人物最終不見得都有所醒悟，不過每一則故事的結尾，都會丟出幾個議題讓你細細思考。

我應該可以更優秀

從我十四歲開始，我就以不同的角度去看待事情，直到今年三十六歲。過去的二十二年中，我對人生的看法不斷起變化。

我想與你分享我的經驗，這些經驗皆有其獨特性。我觀察到自己每天都在不斷的演化、改變和適應，我很習慣比較自己每天的微細差異。我今天和昨天是相同無異的嗎？到底是什麼改變了我？我有什麼樣的改變？有可能只是生理上，頭髮，或是指甲的微長，或是舊皮膚的代謝，有可能是我從各種經驗所獲得的新思路。每天的比較，能夠讓我意會到一切並非都在我的掌控之中。我常回想過去的一個月、一年，或是十年的時間，觀察這些細微變化的總和。

我回想過去有一段時間，我當時是多麼地鍾愛我的雙門跑車，執著讓我無時無刻惦念著這部跑車。我在學校時總是惦記著，心裡滿是跑車停泊的影子：在樹蔭下、在學校路邊，我感覺到車子和我是一體的。如果當我的朋友觸碰、踹車輪，或是告訴我他們多麼喜愛我的跑車時，我都能感同身受，很是開心。我只是一個很普通的男生，在學校很用功，像一般高中生一樣希望得到同儕的艷羨，沒有這部跑車，我可沒什麼值得自豪的地方。在學校，我口才沒那麼好，又沒有那麼受歡迎，但是我自覺自己雖然外表平凡，實則內在比外表更具深度。

想要得到他人肯定的方式何其多，我則以駕駛跑車的方式來博得青睞，在學校獲得好成績，贏得老師更多的關注，並成為社工。這就是我！一個活在別人價值觀裡的我！每當我憶起自己十幾歲的歲月，我總以第三者的角度去審視。現在回想起來，我對自己當時的歲月沒有太大的執著。而我開始思考，何以我不能放下「昨天」的我？為什麼我對昨日的我，那種執著遠勝於多年前的我？

或許我停止了，這種執著就會變弱，不再這麼「黏膩」。在我們的生命中也常會有類似情況發生。我們會在情感上或是在身體上「黏著」某樣事物，對它產生執著。**學習觀察我們一開始是如何沾染上這些事物，和認清自己的執著，就是放下執著的途徑。**

放下痛苦的方法何其多，當你發現自己對某事物產生執著時，強行將之粉碎只能夠暫時緩解你的痛苦，而且事情過後必會留下傷痛之疤，無法得到究竟的改善。因為執著的習性依然如故，你或許不久又被別的事物所吸引，而且這次被黏著的程度可能更甚從前。

減輕執著

我們必須從客觀角度觀察整個過程，減輕這種黏膩或執著的程度。我們所黏著的事物，是有可能互相替代的，然而執著的感受始終不變。因此，與其把過剩的注意力集中在你執著的事物內容，不如把注意力集中在執著的型態，以及對執著的身體感受。觀察這些當下，然後分辨過去和未來的想法。執著會以未來，或是過去的方式呈現，但是比較不會以當下的方式呈現。我們將於後面章節，以故事或例子的形式做較深入的探討。

人們有時候以眼睛來判斷食物的味道，而不是以自己的味蕾品嚐菜餚的真實味道。與其懵懵懂懂地從不對應的感官擷取資訊，我們其實應該更正確地善用自己的感官。我們到了一個餐廳看著菜單上的菜色，在品嚐美食之前，我們便開始思索著要點什麼菜。我們會以過去的視覺經驗來「品嚐」這些食物。假如菜色看起來不錯，即代表味道應該不差。在中國人的經驗裡，熱騰騰的食物應該比較美味。

我們每個人都來自不同的歷史和文化背景，所以一道菜餚對某人可能是美食，對另一個人就不見得如此。譬如台灣人最愛吃的臭豆腐，很多外國人便聞之卻步。我們有著相同的味蕾，但是我們的腦袋卻傳遞了不同的訊息。

我們可能聽到了同一個聲音，但在心中對這個聲音卻有不同的詮釋。雖然是同一句很有智慧的話語，如果出自不同人的嘴巴，其效果可能有天壤之別。這句話，可能是出自父親、母親、一位僧人、一個小孩、一個陌生人，或是某個讓你產生成見之人口中。其實在話語出口之前，你心中早因定論而有了某些定見。我們雖然是透過耳朵來聽取，但是我們的「想蘊」（五蘊為色、受、想、行、識）會對這個聲音詮釋。

這個經過了詮釋的聲音，已經受主觀意識所染濁，因此一經大腦，這個聲音的原始意義已經產生質變，無法與原來的聲音一樣客觀，所以你最好是以一個觀察者細心聆聽。要當一個客觀觀察者的確不容易，因為我們還不習慣客觀，那也沒關係。

你可否問過自己，你的心就等於你嗎？你就是你的心？你是誰？我們有時候很在乎別人是如何看待自己的。為什麼我們會如此在乎別人的眼光呢？這種活在別人價值觀的日子，從我們幼年開始，在家庭、學校、社會，無一不受影響。小朋友在發展出自我意識之前，他們是那麼自由自在、無拘無束地生活啊！

在沒有他人價值觀之前，他們的世界是多麼單純無染。當我們這些所謂的大人開始教導孩子，開始污染他們的思想，這些小朋友長大之後很可能就變成我們的「翻版」，然後他們又繼續複製這種類似的「再版」，就這般綿綿不息、永無止盡地循環。一個終止循環的方法，就是學習培養覺知的心，觀察當下。與其灌輸我們的下一代那套已經染污了的信念，不如培養他們建立起覺知的心。

何謂真實？何謂虛幻？讓我們來看看自己的味蕾。當我們品嚐糖，我們的味蕾就會告訴我們這叫做「甜」。當我們停止品嚐糖，我們的味蕾就會停止告訴我們甜的感覺。當你決定要或不要運用你的感官，你便有了一種虛幻的掌控能力。那麼，你是否對自己的腦袋也有相等的掌控力呢？你是否能夠停止思緒？頭腦需要不斷地造作妄念，才能得到你的注意力，才覺得自己是存活的，因此不斷回憶過去編織未來左右著你，嘗試把你當成木偶般玩弄於股掌之中。難道我們不可以來個角色對調？難道我們不是自己頭腦的主人？為什麼反被大腦所主宰？

事實上，世間無一物是可以絕對受掌控的。人也不過是四大（一切物質現象的四大特性水、火、風、地，貪為水，瞋為火，癡為風，慢為地）的假合而已！我們能有所選擇嗎？「選擇」是否又是另一個更大的幻象？倘若你夠覺知、夠清醒，「選擇」絕對不是純夢想！

當你還處在不清醒狀態，你就不知道你有選擇。若有人對你吼叫，你惱怒而大聲回應，當他們第二次對你怒吼，你還是惱怒而大聲回應。假如你讓怒火成了自己的主人，那麼你就失去了做選擇的籌碼，**所謂「怒即是心之奴」**。

或許你可以辯駁：「有啊！我選擇了憤怒，罵得比他兇。」好吧！假如這就是你的選擇，那麼你可以選擇在非常愉悅的狀態下生起憤怒，對他怒吼。假如你真的有這麼深厚的功夫，那麼開心的怒吼和生氣的怒吼有什麼區別呢？這兩者所發出來的能量是否有所差異？

夢境的過程

好好回憶一下，你是否曾經清清楚楚地知道自己正在作夢？我自己就有過這樣的經歷，並且還在探索著什麼是夢。

在夢中，我告訴自己我正在作夢，因為這個夢境已經出現過無數次了。我對於夢境的過程了如指掌，所以告訴自己從夢中醒來。我開始專心覺知在夢中的所見所聞、在夢中與人對話時所使用的語言？是否能夠見到顏色？是否有嗅覺和感覺疼痛等等。為什麼在夢中被某物追趕時我會感到累，而且很難逃跑？我察覺到當我在夢中時，那個實體的「我」，其實還雙眼緊閉，躺在燈光昏暗的臥房床上。

但既然我是雙眸緊閉，那我又怎麼能「看見」夢中的世界？為什麼我還看得見東西？何以在我「真實的雙眸」緊閉的情況下，看見夢中的顏色？倘若臥房是安靜的，為何我還聽到夢中的聲音？當我覺醒之後，我嘗試閉上眼睛在腦際想像著一些事物。

為了測試這個理論，我拿了一塊肥皂，專心地注視著它，在腦海裡記住其形狀和顏色，然後閉上眼睛，有如我在夢境一般，在腦海裡複製出肥皂的影像。但這壓根兒就是兩碼事，我根本做不來。我嘗試靜坐，並清空雜念，但是依然無法像我在夢境中那樣清楚地看見那塊肥皂。我們原來是如此受限於自己的色身，以致喪失了靈性上的能力？可是我相信我們是可以超越這個色身的。

這個世界應該還存在著另一個空間，我們或可稱之為能量、靈魂、電磁波、氣，抑或是其他更適切的名詞。而這空間其實是一直存在著，有待我們覺醒之後去理解的神秘世界。

理解內在的能量是一件奇妙的事。你是否經過了長時間的睡眠之後，還拖著惺忪的雙眸、疲憊的身軀去上課，或上班？我們睡覺時，我們的身、心、靈都一起入眠，當我們的軀體在睡覺，我們的器官其實還在運作，肚子還在消化，心臟還在跳動，肺臟還在呼吸。只是變得比較緩慢，進入更生的模式，與我們的心和靈（或能量）是一樣的。

當我入睡時，我有意識地告訴自己，我的身體活動將會慢下來，進入更生的狀態，我的思維也將逐漸變得緩慢，因為我準備讓我的心好好休息。我揮動雙手來淨化我的氣場，然後將我的能量往下疏導，開啟一個管道，讓我能夠在夜間補充能量。

許多人上床睡覺是因為身體疲憊需要睡眠，然而大腦還不斷地在煩惱著當天所發生的事情，以及隔天該處理的事情。

事實上思考是需要能量的，人們在睡眠的同時往往還在耗費能量。因此雖然睡了一整夜，清早起床時還是覺得很疲憊，因為人們幾乎一夜都在思考，念頭有時候是會導入夢境的。假如你處在無意識狀態，夢境很可能藉由大腦的思路而發展。保持清醒的第一步，就是在你覺醒的狀況下清楚地察覺到你是清醒的，然後有一天你將可以在夢中清醒過來，以不同的角度觀察夢裡的情景。或許我們當下就是活在幻夢之中，並且能夠在我們的「現實生活」之夢覺醒，然後以不同的角度看事情。允許、放下，然後清醒地面對現狀，將有助你以更清醒的角度去看事情。

放下是覺醒的第一步

放下並不等於悲觀，放下使你有一個更純淨的心和專注力，讓你不至於對自我看的那麼重。接受事情的所有結果，也是放下的一個途徑。我經濟窘困，沒有工作，但是難道我就只接受結果而不作任何努力？絕對不是。**放下不等於撒手不理，而是面對現實，接受已成的定局，然後才能放下。這就是覺醒的第一步。**

放下，並允許你的心清除一直在困擾著你的思緒。然後以一種嶄新的姿態去思考：「沒錯，我有經濟壓力，沒有工作，那麼我又該如何自處？」與其讓自己限在苦惱中或是遷怒於周圍的人，不如振作起來，問問自己當下該怎麼做。

別讓過去和未來干擾你，就只注意當下。生命本來就不容易，對許多人來說都是挑戰。既然該是你的挑戰，你就得面對，而不該由別人來擔當，而是自己負責。

我們每個人都來自不同的歷史和文化背景，與過去，因此將自己的私人挑戰與別人比較是不公平的。你可以選擇面對挑戰，也可以選擇逃避，最好是回歸到你內心的思緒，由它告訴你怎麼做。

如果你選擇逃避挑戰，那也無妨，好好聆聽來自內心的聲音，然後以觀察者的角度去分析，看看其中的內容，是否告訴你當下能做些什麼。那聲音能夠告訴你關於過去或未來的事情，因此仔細聆聽，你就能夠更進一步趨向覺醒。

假如你決定接受挑戰，那麼你就具備和內心「溝通」的資格，聊一聊什麼是行得通的解決方案。但重點是你必須是大腦的主導，而不是讓大腦來左右你的行為。你應該越來越覺知自主，而不是讓大腦來指揮你該如何做。確保一切都處在當下的狀況，好好去感受當下的每一刻。

與其用言語來形容我的感受，不如開始好好感受。超越語言文字的感受其實是一種很奇特的經驗，同時也是很好的靜心練習。當你感受到憤怒，請不要說出你的憤怒，你只要去感受心跳的加速、呼吸，以及某些習性的變化即可。你只要靜靜地觀察著身體的這些運作模式，觀察自己是如何沾染上這些東西、感受，或是抽象的事物。嘗試抽離是很困難的，因此不要強行抽離，因為那只會造成傷害，造成「我」的執著更加嚴重。當你不做任何價值評斷，只是單純的觀察感受，你就能夠慢慢地回歸到當下。

總之，我將逐步探討邁向證悟的步驟，與你分享一些與「覺悟」有關的經驗和故事。我們會儘量以客觀的角度，去呈現故事中的每一個角色，揭示每一個人物的真性情。接著，我們將開始去理解和學習生命的目標。我將會與你分享物質世界、精神世界，告訴你這兩個世界是如何與我們緊緊相連。我們將探討吸引力的法則，同時談一談與我們周遭能量相關的有趣經驗。另外還有高靈（較高的自我）的故事，以及他們嘗試教導我們的課題。

當我們完全覺醒之時，就可以開始探索夢境，這個心的潛意識狀態。當徵兆顯現時，我們就可以練習如何在夢中覺醒。我很幸運能夠成為故事中的一份子，能夠分享這些在我生命歷程中所發生的故事。讓我們與我們的潛力接軌，重新回到我們原來的面貌。

因為你對愛與喜肩負使命，所以才自願投生娑婆，所以請跟隨你的心，邁向覺醒，自我反照，了解意識的目地。心的語言和大腦的語言有所差異，我們的大腦賦予我們思考的能力，但是我們的心則能夠指引我們方向，感知覺受。我們思考，我們相信，我們了悟。有時候，我們會從人生的旅途中，直接從信仰跳入了悟而不退轉，這時，信仰絕對比以往更加緊密。我們都是自己過去、現在和未來的綜合體，都是一體的。我們每一個人都是愛與喜的使者，而我們自身就是愛與喜。

第一章

「現在」的力量

想要洞察實相，我們必須學習了知自己的過去、現在和未來。有一天早上，我躺在床上處在半夢半醒之間，等待鬧鐘的響聲。等待了一會兒，鬧鐘始終沒有反應。我最後不耐煩睜著惺忪的眼眸，挨著床頭櫃瞄了一下，發現自己早了一個小時醒來。我想要繼續睡覺，然而我開始「想見」自己在一個小時之後，隨著鬧鐘響聲醒來的情景。

我閉上眼睛告訴自己：「真棒，我還可以多睡一個小時。」但是事情便接著發生了。我依舊緊閉雙眼，嘗試回到溫暖的被窩裡做我的美夢，但卻不禁反問：「我怎麼會見到我一小時後覺醒的情形呢？我到底身在何處啊？我感覺到大概是我的心理作祟，那個『我』其實並非真正的我。」

我開始思索著「現在」的定義，「我『現在』到底是要睡覺還是要醒來呢？」接著索性睜開雙眼，嘗試得出一個答案。我確實感受到當下，那個在一個小時候醒來的「我」的影像，已然淡去並完全消失。我其實可以醒來，無需那多一個小時的睡眠。我因為昨夜早睡，所以感覺精神抖擻、精力充沛，那麼為什麼我要告訴自己多睡一個小時呢？我乾脆端坐起來思考這一連串的問題，然後肯定地告訴自己：「好，我現在就起床。」

觀察我們的心如何抓取我們的專注力，是相當有趣的一件事情。這個念頭始於一丁點的關注，接著逐漸演變成一個情緒，進而發展成一個行為。這個心，或稱之為「自我」，只會以過去和未來為依據，但是只有「我」才能夠決定當下該怎麼做。我們的確需要過去的經驗，同時也需要為將來策劃綢繆，不過這都需要等待適當的契機。專注於當下應當做的，其實遠比你回憶過去、思索未來、尋求答案來得重要。

讓我們回顧剛才的情節，當念頭開始浮現，諭示我應該在一個小時後醒來，我本能地想去睡覺，這就是心如何取得主宰。心創造了一個未來情節，並說服我必須循著情節而發展。然而當我質問了自己：我現在是否想睡覺？我隨即覺察到當下的狀況，發現到「我」竟然成了未來景象中的一份子。決定回去繼續睡覺，或是應該醒來似乎並不重要，因為我已經準備好接受所有的後果。但接下來的問題就是：我現在該做些什麼？應該怎麼做？必須如何做？這一連串的問題都取決於我自己的決定，因為我已經意識到「現在」的力量。

「我們到達了嗎？」這句話你到底聽過多少遍？假設你的回答是：「還沒呢！還遠著呢！」那麼你可以稍微等等，我們先來看看小朋友，再問你同一個問題。小朋友一直是活在當下，因此如果還沒抵達目的地，他們就會不斷詢問，直到抵達為止。

存在於當下的永恆

當下之中存在著永恆，假如你細心觀察就能夠找到答案。我曾經歷過一次「時間瀕臨結束或滅亡」的經驗。我所說的「滅亡」並不意味著軀體的死亡，有可能是一種事物、思想，或是時間的結束。我很慶幸能有去了台灣又重回加拿大的經驗，在這次經驗中我深刻體會了許多有關時間與空間的感受。我回到台灣後，計畫在當地停留兩個月再回到加拿大。兩個月的時間不算長，但可以感覺到時間比較「實在」，我們變得比較積極活躍，對事物不再那麼執著。我說感覺比較「實在」，因為感覺上兩個月真的很短暫，這促使我想要好好的把握。

我有天外出購物，看到某個物件，覺得若是將之擺在台灣的會客室應該很雅緻（因為在台灣買了東西，兩個月後就要回加拿大，東西還是要留在台灣），所以那種占有慾不禁油然而生，幾乎與此同時，稍縱即逝之感驟然生起，那是一種兩個月後即將離別台灣的情懷。我是否真的打算買下，將之「占為己有」兩個月，回溫哥華後就任由物品為塵埃所擁抱？能夠對事物減少執著真是一件奇妙的事情。經此事後，我試著在之後的人生中，常常憶起當時的感覺，督促自己別太執著。但當我回到加拿大，對時間的感覺就沒有在台灣時那麼強烈了。

在台灣的兩個月，我有許多的想法，打算落實的事情相當多。想要多看看這個美麗的城市，希望善用在這裡的每分每秒。我以往從來不曾有過這種充實過活的經驗，而且天天都精神飽滿。我到處邀約朋友與他們的家人聚會或逛逛，但是有些朋友似乎不太捧場，他們只是輕描淡寫地說：「最近好忙，不然下次再去好了。」然而我想：「我沒有下次了，要嘛就現在，要不然就是後會無期了！」

我在那兩個月當中所遊歷之處，幾乎等於我兩年休假時間可能旅遊地方之總和。最後，當我們出發往機場方向行駛途中，有幾個片刻我是這麼想的：「我覺得好有活力且精力充沛。真希望能夠保持住這種感覺，將之帶回加拿大！」但當我抵達溫哥華時，已是精疲力盡，加上時差所帶起的疲憊感，讓我一心只希望儘速回到家中歇息，什麼也不做。我勉強地把行李拖到門口一擱，幾乎箭步便往臥房直入，然後往睡床一攤，所有的活力感就在霎時消失殆盡。

「我以為我將所有的活力、動力和熱忱都帶回了溫哥華，爾今那些感受到底都去了哪兒了呢？為什麼一回到溫暖的家中，對『當下』的體悟就頓時消失？我當時腦海中只是不斷地重複『休息吧，休息吧，待會兒再整理行李吧！』對於『當下』與『永遠都不』的那番話語又去了那兒？」與其任由大腦去回答，何謂過去何謂未來，我決定好好反思「當下」的定義。「我現在到底是要不要整理行李？我現在有時間整理嗎？我現在還有體力去處理這些事情嗎？」

然而我感受到的，只是大腦的推拖，暗示我最好把事情延遲到明天，一點也沒有把事情當下就處理妥當的意願。我的後腦勺頻頻在嘮叨著：「我的身體在飛行中已被操得累癱啦（過去式），而且行李就算擱置到了明天也不會不見嘛（未來式）！」

腦袋瓜大部分時間都在攀附著過去和未來的事物，至於當下該如何處置，就得由「我」來決定了！我這時開始覺得這些念頭似曾相識，就有如台灣那些親戚朋友給我的建議。他們不願意遊覽那些名勝，因為對他們而言毫無迫切性，反正那些地方也不會因為他們不去就消失於無形，而我的行李就算到了明天，也會安然停留原處。所以我最後決定讓自己的體力稍微恢復之後，再開始整理。

有多少人可能把事情擱置到了燃眉之急才予以處理呢？這些事情有可能是學校的計畫案、家居裝潢，或是一個承諾。隨著時間的推移，必要性和迫切性的意義也因此被沖淡，原有的動力也不見得會繼續為我們前進。我們的大腦開始醞釀著我們過去和未來，我們也因此徘徊在過去和未來。人們常會浮現諸如「明天再做吧！」或是「我抽完這根就戒菸！」等念頭。我們常會因為缺乏動機，想讓自己過得更加舒適，而為自己找尋諸多藉口。**我們或許可以透過重述的方式，檢視自己當下的行為，然後將力量再度回歸自己的手中。**

與其說「讓我們明天再做吧！」，你也可以說成：「我現在不要做。」然後審視自己當下不要做的念頭，看著它，並接受你沒有執行動作的這個事實；你會開始感覺你在製造當下，此刻一個嶄新的「我能掌控幻想」的感受便會生起。當你有所準備，念頭就會產生，然後你或許心中會浮現：「我現在就可以去做，我想現在就做，我現在正在做！」

與其說「我下次才戒菸」，不如說「我正在抽菸」。這次，你也可以正視你正在抽菸這件事，總勝於讓自己沉淪在「下次就戒菸」的虛構情境中。看著自己正在執行的事項，承認自己正在抽菸，然後接受「還沒有戒菸」的事實。「下次就戒菸」的幻夢就會慢慢淡去，取而代之的就會是你正視自己還沒有戒菸的事實。一旦你已經準備妥當，「我現在要停止吸菸」的念頭就可能會浮現。

念頭無論是正面或是負面都無所謂，關鍵是你必須時時感受。當大腦指示你去執行某件事，你只要以第三者的身分，靜靜地、客觀地看著每一個起心動念，不要作任何辯駁。與其相信自己的念頭，不如相信自己的直覺，因為念頭有時候是種擾亂的錯覺，而直覺則比較實在。

如果你已經習慣觀察自己，那麼接下來的就是覺知情緒，但是切莫予以形容。譬如說當你憤怒時，不要以憤怒來形容。你只要單純地感受憤怒，看著自己的轉變，感受呼吸的急促，心跳的加快，臉頰的火熱，體溫的上升。當某人憤怒時，這些或許是某些你可以觀察的現象。當憤怒生起時，你到底觀察到什麼了呢？你到底做了些什麼？你是否提高說話的音量？是否比較常插嘴？是否回拒別人的意見？當你憤怒時，大腦會對你傳達什麼樣的訊息？

你的一切行為都是憤怒的後果，而你是所有行為的操控者。當你觀察著自己的行為，就知道不該埋怨他人，不該找尋藉口。簡單說，**你只要靜靜地看著「你自己」對什麼產生執著**。你執著的對象或許是你曾經說過的話、做過的事、私人物品、地位等等。

想要擺脫執著的確不容易，所以你現在可以做的，就是觀察自己是如何沾染上這些執著。觀察自己、看著自己執著的過程，好好去感受執著的感覺。你或許不喜

歡自己所觀察到的現象，但是請不要論斷自己的行為、語言，或是思想，因為任何的評斷都有可能強化你的執著，造做出更多的苦。

你或許會說「你是否注意到自己已經開始觀察？」你或許會說這只是一個覺醒的開端，你以更加可觀的角度去評斷是否應該執行某事。你頭腦越是清晰，就越不會受到大腦幻覺的支配。當大腦開始抵制給予的建議，你的意志就會更加堅定，你會更加清楚自己所該扮演的角色，當然就更加不會被情感的包袱所左右。

赤子之心便是活在當下

兒童總會用他們的方式來告訴我們何謂當下，而他們表達的方式往往細膩得連大人都無法察覺，有一個熱愛書寫和畫畫的小孩的故事。小蘇菲年方五歲，熱愛繪畫。即使和家人到外面餐廳用餐，她都總不忘了向人要來紙筆，在餐桌的紙巾上塗塗塗寫寫。小蘇菲的父母也都樂得多加鼓勵，戲說鉛筆就是小蘇菲的魔術棒，讓她能夠創造出任何她想像中的事物來。

一天晚上，小蘇菲如常坐在他的小桌子前面忙著描繪著她的圖畫。就在這時，當她聽見空氣中傳來的聲音：「蘇菲，該上床睡覺嘍！」幾乎在同一剎那，即見小蘇菲眼眸掛上了淚珠，只見她匆忙地把還沒畫好的花瓣填補了上去。這個故事背後的寓意是什麼呢？單是準備上床睡覺的聲音，怎麼就讓蘇菲如此難過？我們是否能夠用另一種方式，來與那些經常活在當下的人們溝通？

幼童在絕大多時候都是活在當下的，他們很難理解什麼是過去和未來。因此，大人很難向他們解釋，什麼是昨天什麼是明天。對他們而言，過去式和未來式都是嶄新的概念。當大人談論著過去和未來，對他們而言都是天方夜譚。單是一句「準備上床睡覺」，就意味著當下得放下鉛筆、停止畫畫、馬上去刷牙。我問了蘇菲的父母：「你們會告訴蘇菲要停止畫畫嗎？」但小朋友的父母向來都很支持蘇菲畫畫，從未阻止她繼續畫畫。他們不明白為什麼只是叫蘇菲去睡覺，會讓她這麼難過。

我建議蘇菲的父母陪伴蘇菲一起畫畫，然後嘗試以她的角度去看待事情，去了解她現在畫到什麼階段了，以及問問她正在畫些什麼。「你在畫些什麼呀？」小蘇菲答：「小花ㄚ。」要完成這朵小花，或許需要兩三分鐘的時間。「噢！畫完這朵小花，就要去ㄛㄛ睏了喔。」

難道準備上床睡覺有重要到連多三分鐘的繪畫時間都不能夠通融？當然不是。我們必須了解，隨著歲月的流逝，我們（的大腦）也被捲入了過去和未來的情境，徘徊著難以自己，竟忘了應該活在當下。假如我們無法趕緊向自己的孩子學習，那麼孩子最終就得向我們看齊，和我們一樣被捲入過去和未來。兒童所表現出來的，其實是我們遺忘已久的當下。

曾經，我們也活在沒有過去和未來的腦海中。我所說的「腦海」，指的是我們虛幻的精神思考。我們的腦海總是和我們要把戲，總是習慣運用過去和未來的語言。我們總以為一切都在自己的掌控之中，殊不知有時候要把思想轉為行動時，可不是那麼簡單。

這裡所說的「掌控」指的是完全用大腦來思考。大腦是協助我們思考和執行動作的器官。我們用大腦「思維」，並在必要時「掌控」我們的思緒。當我們不需要動腦筋時，就該學著暫時將之「關閉」。到底有多少人能夠在思索答案，並得到解套方案之後，就馬上終止大腦的運作機制？我們該如何停止大腦的念頭？

當我閱讀時，我其實應該專注在書本上的文字，然而大腦往往會出其不意攀附到別的事物上。我可能坐在椅子攤開書本，然而實際上眼睛雖然盯著文字，大腦卻往過去和未來徘徊。如果你也有雷同經驗，那麼你或許可以自問：「我用的是什麼時態的思考模式？」是過去式嗎？還是未來式？還是回歸當下吧！然後命令你的大腦專注在手中的事物。

假如你的思維是處在過去式，或未來式，那你可得當心了。假如你是有目的地回顧過去，或是需要計畫未來到也無妨，**但是如果大腦是無意識地緬懷過去，或是對未來充滿遐想或期待，那就不太妙了。假如大腦出現類似的跡象，那麼你就得多多留意，因為這些迷離的念頭都是招致苦果的徵兆，人們往往因為這種遐想而自種苦因卻渾然不知。**

當這些苦的念頭變成苦受，苦的漩渦便隨即生起，將我們牢牢的捲入其中。假如你成了大腦的追隨著，那麼苦果還在後頭。我們成為妄念的創造者，到最後連自己的自由意願都被妄念給掌控了。

心之能量與當下的關係

讓我再敘述另一個情境。有一天，我坐在椅子上讓自己想像著一個紙杯蛋糕，我開始想像蛋糕上面的乳酪和糖霜。想著想著，我似乎可以感受到蛋糕的可口，而嘴巴也開始分泌出唾液。我接著便有下班就去買蛋糕的慾望。我看著時鐘並耐心地等候著，而這時腦海中的思緒不斷湧現。

我想：「嗯！下班後順路去買一個回家。」然而當我往停車場走去時，心中不禁開始交戰並自我盤問：「我真的想要吃蛋糕嗎？」接著又出現了幾個念頭：「我已經很久沒有吃紙杯蛋糕了啊？所以多一點點的糖分與卡路里應該也無妨。好吧，那就買半打回去。半小時後回到家就可以享用這些美味的蛋糕啦！」我進入車廂發動引擎，然後就被腦袋瓜牽引著去買那些小巧可口的蛋糕；接著，我開始給自己編出了好些貪嘴的藉口。

我心裡嘀嘀咕咕地想著：「倘若蛋糕店附近有停車位我就去，如果身上零錢夠用我就去，假如我……。」其實我知道停車位根本不是問題，身上的錢也是夠的，我只不過是需要給自己找尋不要買蛋糕的藉口。然而這些思緒已經轉為能量，能量又化為行動，我最後還是把車開到了蛋糕店。進門後，我指著我要的紙杯蛋糕，然後用手勢比了六，女店員便會意地將蛋糕一個個地放入盒子，然後送到結帳的櫃台。我把手伸入口袋掏錢包，確定這個決定時已經是沒有回頭路了。就這樣，20分鐘後，我將會享用這些美食。

結了帳後，我就把蛋糕帶回家。我需要做的就只是把紙盒打開，拿出一個咬它一口，然後開始咀嚼。我記得連吃了兩個之後，我又探出手去想拿第三個，但是我停住了。在一時片刻內我觀察了自己，然後開始想：「我這是在幹嘛呀？難道真要把全部都吃光嗎？怎麼就停不下來？是什麼促使我想要繼續吃？」我刻意在每個念頭出現時給自己一點反思的時間。

我今天並不想吃紙杯蛋糕啊！但是為什麼會去買回來呢？我並不排斥這種蛋糕，但是買蛋糕的整個過程，我似乎是屬於被引導者。我的大腦憑藉過去的經驗告訴我，就算買了也無妨，因為我已經好一陣子沒有吃紙杯蛋糕了。在買蛋糕之前，我的腦海中浮現了我在家中享用蛋糕的影像，當時無暇問自己，是否當下就想要紙杯蛋糕。

當念頭轉為行動，力量隨之產生並推動著行為。當我加以深思，更多力量與著呼應，而動作則逐漸演化成慣性。這種慣性一旦建立，想要停止購買蛋糕的念頭就很難停止，而當我在蛋糕店掏錢付款之際，想要停止這個行為就難上加難了。想像一下自己手中握著二十元，另一端店小姐等著你付款，然後你告訴她：「我不想買了。」這實在是一種兩難的拉鋸戰。而當我張開大口準備咬下蛋糕的那一刻，想要拒絕絕對是最困難的。難道我還會將口中的蛋糕吐出來嗎？我甚至連想都不用想。

當我給自己時間回想自己買蛋糕的整個過程，我發現大部分時間都處在無意識狀態，我並非真的很想要蛋糕。會有這一連串的舉動，主要是為了測試與感受念頭、力量的產生，以及行為之間的連動關係。簡單說，我只想看清想要停止一個行為或是執著會有多難。

透過觀察，我發現「想要蛋糕」的第一個念頭生起時，當下把持住，將自己導回當下是最容易的，當時就該問問自己：「我是否真的想要蛋糕？」假設我任由大腦作怪，就可能將我導引到過去與未來的影像。若以觀察者的角色看待事情，我就能夠更清楚觀察到所有大腦試圖展現的幻象。假如你也碰到類似情況，那麼就好好找出當下的問題，然後過濾一下過去和未來的妄念。

幼童的執著一般都比較少。隨著年齡增長，對事物的執著也越來越多。而這些執著多數都是因為模仿周遭人們的行為所致。當孩童長大後，對事物的執著就更甚以前，然後很容易的就將執著教導給下一代，循環因此不斷流轉。我們必須學著突破這種鏈鎖，仔細看清幼童純淨無染的心思，好好向他們學習。

當蘇菲把約翰的橡皮擦，拿去擦掉自己畫的線條，約翰便告訴蘇菲：「這是我的橡皮擦，你用完之後就得馬上還給我喔，知道嗎？」蘇菲用完像皮擦的那一刻，約翰便會馬上將屬於自己的物品取回，然後很關注地查看，被摩擦之後留下的傷痕。

孩童觀察周遭的人，並向他們學習，循環由此而生。這些學習都不是刻意的，有些還是我們大人在這世間賴以生存的技巧。有一次我看到一個小孩玩著網路遊戲，遊戲終止時，電腦根據表現劃分級別。在那場遊戲中，小孩得了B級。小孩昂著頭指著電腦對父親說：「爹地你看，我得了B級！」這小孩顯然對級別還沒有太大的執著，只是等待著父親對自己行為的肯定。一旦父母對該級別作了評價之後，小孩子就會開始執著級別。

我們往往只希望孩子能夠「擇善固執」，所以爸爸可能會說：「嗯，第一次有這樣的成績，還不錯。繼續練習之後，你將看到不一樣的字母（級別）。」即然是相對的概念，B級當然就比C級強，但是比A級弱。那麼B級到底是好是誰說了算呢？好與壞難道還比熱忱更重要？那美術和音樂又該如何分級別呢？

以第三者的角度去觀察

假若你是一個細心的觀察者，那你在很多情況下都可能見到細微的區別。你對周遭的事物將更加關切，對自己的行為和反應也更加靈敏。當你感到生氣，你很快就會察覺到呼吸加重，血液流竄得更快。你開始出現負面思緒，粗話也不禁從嘴裡蹦了出來。如果你是處在那樣的心境，那麼你就很難停止自己。看著自己幹了這些傻事之後，你已學著觀察自己和自己的行為。你或許並不喜歡看到這一切，覺得自己很難掌控自我。事實上很多人都被自己的慣性占了風，所以無須氣餒，按部就班來吧！

學著當個觀察者，對自己的境況保持平等心。**當你發現自己經常觀察事物，你就開始步上習慣覺照的道路上，逐漸有能力掌控自己的行為和反應。你必須以第三者的角度去觀察這個新習慣**。當你處在憤怒的狀態下，髒話有可能會在腦際嗡嗡作響。你無須抗拒，也不需要給它額外的關注。你只需要有意識地去思考那些字句，然後反問：「那是你慣用的語言嗎？還是氣頭上的話？」

當憤怒生起時，你或許無暇思考這些，這也無所謂。你只需要清楚知道事發的過程，過後再回想當時的情境。這一次，你需要給自己充足的時間做思考，想想自己當時應該怎麼做。關鍵是你必須以正確的方法處理這件事，這樣你的大腦才有機會記住正確的方法。牢記這個經驗，讓自己做好充分準備，不要重蹈覆轍。

你是否曾經有獲獎的經驗，而且被詢問過這樣的問題：「你想要雙料大獎或是一無所有？」打個比方說你在一場遊戲中贏得了加幣五百元，主持人詢問你是否願意把所有獎金當投注，結果是你將贏得雙倍獎金，或是一無所有。當你在等待自己的答案時，就是一個有趣的關卡。讓我們把問題簡化一點，看看你的大腦是怎麼運作的。你的決定，將產生三個不同結果：一、你將便成雙料得主，二、你會連本帶利輸個精光，三、把原先贏得的五百加幣放入口袋，放棄冒險。

曾經聽到別人在選擇成為雙料得主，或是輸個精光而自言自語著做決定。第一個說：「我來時本來就空空如也，就算輸光了也不過恰如來時路。」第二個說：「哇！雙料呢，那就是一千元加幣！我可以好好利用這筆錢。」第三個說：「我現在就贏得五百元加幣，我現在就可以帶走這五百元加幣了。」

大腦在我們內部的運作實在是件微妙的事情。我們以過去、現在和未來的經驗說服自己。這當中並沒有所謂的對錯，任何決定都是自我剖析過後的結果。第一個人以過去不圓滿的經驗決定博他一博，看看最終的結果是否猶如來時路。第二個人用了對未來的憧憬去作決定，以他對未來的投射和美夢作為影響決定的因素。讓我們保有中立的態度，不添加任何論斷，單純地看著，理解其運作模式。

當一個情境在你眼前展現，你的內心會自動向你透露該有的訊息。如果你是個觀察者，就會看到這些內心的訊息。當你是一個觀察者，你周遭所發生的事情可能是一個自我啟迪的途經。

第二章

切莫與頭腦抗爭

心念是很重要的，你就是你的大腦嗎？你是否能夠掌控自己的念頭？當你不想動腦筋時，是否能夠將念頭中斷？有時候，你的大腦並不是你。或許你可以這麼想。你的舌頭可以品嚐食物，分辨苦和甜。你品嚐糖的時候，舌根告訴你那是甜的，你一停止品嚐糖，舌根就會提供你甜的感受，那麼這時你的大腦在做些什麼呢？

當你用大腦思考問題的答案，大腦會提供你一個可能的答案。一旦問題得到解答，你的大腦是否就此停止運作？對於大部分人來說，大腦一直都處在給予建議的狀態，它只能夠根據過去給建議，偶而也會推演未來。當你問大腦如何處理當下，一般所得到的都只是靜默，因為當下應該是由你來主宰的，而不是大腦！

這也就是現在有許多人學習禪修之故。我們學習觀察呼吸，對入息和出息格外關注。專注可將大腦導離殘餘的思緒，最後讓大腦只專注在呼吸這件事上。當你只剩下一念，那麼在看事情做事情的時候就更加清澈。當下你只剩下一個念頭，那就是專注在入息和出息。假如你能夠連入息和出息的念頭都放下，那麼你就進入了完全覺照的狀態。

禪修最高境界之一，即是「禪中禪」。這是，你處在絕對清醒狀態，並隨時可以差遣你的大腦。無論你要丟出什麼議題，都可以得到全面的回饋。這時你將開始見到事物的新貌，並體驗不同的人生。

我並不是說過去和未來不好，只是為人不該沉醉當中。過去很重要，因為提供我們經驗，透過我們的經驗談敘述我們的歷史。未來也很重要，因為能夠給我們指引和方向，我們必須透過過去和未來以執行當下。專注於當下，好好觀察，並如實接受呈現在眼前的一切。當下的我是過去我和未來我之總和，兩者實為一體。徹底放下自我，否則就無法感受到內心的所有情緒。

正負能量始終會平衡

憤怒、憂心、焦慮等負面情緒，是很難切割和放下的。你是否曾覺得想要逃離負面情緒，可是越掙扎情緒就越差？世間一切但求一個平衡，事情只要一失衡就很難長久，即便是負面和正面情緒也需要平衡。當負面情緒生起時也無須多慮，因為正面情緒會來到的。或許更中立一點來說，當你感覺很正面也不需要高興得太早，因為負面能量也會將之平衡。

所有正與負都是相對的，而你清楚看待事情的方式，必會同時造就身邊的正負能量。另一點是當你持負向思考時，你也可以用更多的積極性來將其綜合，你要如何創造出自己的可信現實全仰賴自己怎麼想。

我很享受外食，偶爾還會想到某些餐廳，那兒的菜餚，以及我在那兒享受美食的樣子。我很喜歡外食，但是並不會老想著這件事情，這或有可能是一種正負之間的平衡。以積極面來說，我喜歡外食，以消極面來說，就是會對美食產生貪愛。我是否能夠只要積極的情感，完全去除負面因素？我是怎麼做的呢？我開始嘗試不同的餐廳，發現有些食物的確很美味，但有些則差強人意。這時我到陌生的餐廳用餐，開始有了不一樣的感受。

如果菜餚鮮美，我就會很擔心自己對這間餐廳起執著。我可以察覺到自己一再回到這一家餐廳貪用美食。倘若食物不合口味，心裡就會毛躁，但同時也感到欣慰，因為我很清楚自己不會起貪念了，不會再回到同一家餐廳。我難道不是來此學習不貪著的嗎？為什麼我能夠對不夠好吃的食物不起執著？這麼說好像很有道理，但是當我深入觀察，事實並非如此！

其實我對那些不太合口味的食物更加小心觀照！因為我很確定自己將不會再回到該餐廳。即然世間一切都難以掌控，為什麼我會那麼確定自己將不會回到同一家餐廳呢？那是因為我的執著已經下了指令，告訴我的大腦別再回到同一家餐廳，而我就這樣被說服了，就這麼迷迷糊糊地被潛意識矇騙了過去！

為了減少負面情緒的強度，我問自己：「你是否願意放下某些感官享樂，好讓你在負面情緒來襲時有更多的平靜？放下並不意味著死亡或失去。更加覺照並成為一個觀察者，有助你放下某些東西。**當你處在負面情緒時，的確很難做到這一點。或許你可以這麼嘗試，在心情愉悅時觀察自己，在正面狀態下看著自己，不著文字來感受自己，感受自己的心跳，感受自己的氣息，感受處境深層含意，切莫掉入二元對立的比較，以及永無止盡的辯論，看著自己對正向能量的執著。**

我再回到自己喜愛的餐廳，然後看著自己享用美食，享受親切的服務。這次，我察覺到自己已經不再那麼執著，因為我看到自己在吃、在笑，並享受著當下。我環視餐廳其他桌的客戶，某些人看起來很開心，但是我蠻驚訝有些人似乎並沒有想像中愉快，原來我的比較心還是沒多大進步啊！

我心想：「當一切都是相對的，那麼一種情境就可以與另一種做比較，不同的評價將導致不同的結論。我喜歡這家餐廳，因為自己過去的經驗而讓我有不錯的感覺。對其他人而言，或許也因為自己過去的經驗，而覺得這餐廳不怎麼樣。」

我不讓文字框架自己，只是單純地觀察著當下，最後覺得心滿意足，即便只是想像著該餐廳，心中就有一股喜悅。我並不需要置身餐廳就已感到很愉悅，不過我並不著迷，也不會像以往那樣老想著往那兒跑。我依然會光顧自己喜歡的餐廳，而每當我再度前往，都會觀察自己的行為，並發現每一次都有些微差。我臉上的喜悅是不一樣的。我停止了所謂的正確或錯誤的方式享用美食，停止了以好、壞的描述方式來作評價，因為一切比較都不是絕對的。

我不想再浪費力氣做無謂的辯論，一籮筐的念頭從我腦袋瓜抽離，讓我感覺更集中和專注。當你做這種練習時也要小心，你開始時會覺得很消極，離棄感、自我貶低、孤獨、恐慌、沮喪等會隨之來襲，那是因為你的自我，這時會試圖阻止你開始覺醒。當你有這樣的經驗，就回到單純的觀察感受，不以語言文字作判斷。

感受你的心跳加速或時減速，感覺你的氣息。你的頭腦可能會以過去式，或未來式來呈現某事。這時，好好地觀察你的思緒，看看它所要表達的訊息。切莫與它爭辯，因為你的自我正試圖冒出頭，強占你的注意力，以觀察的態度聽聞它想表達的訊息，你或許可以用第三者的身分複誦大腦的聲音。當你付諸更多的觀察，就會越發清楚自己該扮演的角色，以更積極的態度處事。屆時，你就可以用這種樂觀作為面對人生的動力。了知你的角色，然後賣力演出。假如你是一個母親或父親，雇員或雇主，學生或教師，就接受你的身分，以最高標準去演繹你該有的角色，並好好享受整個過程。

當你覺得你很輕易的在歡悅時觀察自己時，那麼這時你就可以試著在負面能量生起時觀察自己。先評估自己，看看自己快樂的程度。快樂什麼時候生起，快樂的來源又是什麼？這時，就算你失去了某些快樂片段，也還是心滿意足。你是否願意犧牲一些快樂時光，來減緩某些難以掌控的負面情緒呢？當你情緒不佳時，請放下掙扎，讓客觀的觀察結果自然顯化。我們該如何向黑暗抗爭呢？

一個暗房永遠都是黑暗的，我們必須將燈光帶入暗房，方能將黑暗驅散。多留意自己的生命火炬來自何方，什麼樣的生命光輝能夠點亮暗室？看著這一盞燈能夠以什麼方式在哪樣的情景中為自己點燃心中的光。人們往往壓抑自己的負面情緒與黑暗抗戰，然而用黑暗來抵制黑暗只能治標，黑暗不可能就此抹滅。

感受是我們探索內在自我一個最直接的方式。當我們面對一個境況，我們的感受最是首當其衝，呼喊著我們的關注。當一個情況在我們的眼前展現，感受就是我們的最佳夥伴，能帶給我們動力，我們用這些動力作為某些情況的開場白。當我們瀕臨懸崖時，掉落懸崖的危機感匆忙警告我們不要再一步步靠近。我們的雙腳開始發軟，我們可能墜落地面，擁著大地與之親吻。這種感受試圖把我們從危險中喚回，我們必須在適當的時間和地點正確地運用自己的感受。

當幼兒犯錯時，對他表示生氣，是一個教育他別再犯錯的方法。但當你「生氣」時，切記要自我檢查，看看自己是否在演戲還是真的生氣了。當你的心是滿足時，對於積極或消極的情緒波動就會比較小。我們當然不是想要成為鐵石心腸，只不過有必要以清醒的頭腦，居中觀察周遭展現的動向。我們的五根（眼、耳、鼻、舌、身）都處在戒備狀態，我們的判斷和行動就會更加無私，對發生的情況也更為客觀。

時間可以矇騙我們的大腦

當我們把事情當成理所當然，對我們所擁有的就不懂得珍惜，我們有必要從內再去認識自己。我們生而為人，人的基本需求常常被忽略了，反而去追求我們想要的。我們需要呼吸、飲食、衣物、住宿、交通、教育和娛樂，我們想要安全、保障、自信、財富、權力和奢侈。我們往往會發現自己想要的東西，還更多於需要的東西，以致有時候「所要」竟然成了「所需」。

例如我們有可能為了賺取更多的錢而投入許多心力，以致少吃一兩頓飯。人們常說：「我想要致富」，但往往會認為：「我需要致富」，當你覺得自己需要致富，那麼你就會把這件事情擺在首位，少吃一兩頓飯好像是理所當然的。我們真的有必要檢討和瞭解一下，何謂需要何謂想要，好讓我們將心力作平均分配。

我們生而為人，但你是否有將自己當人看待？你把自己視為男生還是女生？你是否以自由意志看待自我？我們是否注定了得做同樣的事情：吃、喝、拉、撒、睡，然後等著長大生病老死？我們可不想就此接受如此的命運安排，因為我們總認為我們應該享有更多。我想，學習了解生而為人的基本需求是很重要的，這樣我們才有資格學習我們想要的，請好好弄清楚你的想要和需要的定義。

當命運提供你一個機會，你會怎麼做呢？你是否會對未來充滿遐想？是否會因為貪婪而不計後果接受這個機會？你是否會先自我評估，以客觀角度去看看該如何處置當前的境況？你是否會如實接受最後的結果？有個千載難逢的機會擦身而過，而我卻因為某些狀況而錯失良機。

當我說「千載難逢的機會」，我便已陷入主觀，因此，我就較難看清事實的真相。當這個好機會從天而降，我見到內在的自我如實呈現，看到了貪婪、虛榮和未來的憧憬在整個過程中矇蔽了我。最後，我不得不因為敵意統御了自我，而放棄這個美好的機會，我可不能夠讓自我掌控我的人生。我意識到這個機會實為欲求，但我的我執試圖將之變為需求。

時間可以矇騙我們的大腦。當大限越來越逼近，人們就開始以不同角度看事情。他們的欲求和需求逐漸變得更加明朗，自我和自我意識也逐漸消逝，最後變得越來越不執著。這與越來越少事物可以執著不太一樣，而是執著的程度降低，開始妥協和放下所執著的事物。

我們呱呱墜地的那一刻起，就注定了擁有一些時間。這有可能長達一百年，或有可能只是數載。我們對時間長短沒太多概念，但隨著年紀的長大，便覺時間匆匆。當你覺得時間是永恆之時，你對事物便有了不同觀感，遙遠的你見不到未來盡頭。

「我待會兒才做」，我有時候會自問：「待會兒是多久呢？」這是否意味著我現在不做呢？這是否意味著「我將」於未來某時段去做？如果我還有三十年的餘生，我將會做些什麼？如果是五年呢？或是兩個月？在我的腦海裡，這是有時限的，當時間縮短了，我會感受到需要更加積極的急迫感。每個人對時間都有其既定印象，這種印象有可能產生被動、悲觀，或積極、樂觀的結果。當你對時間的既定印象縮短了，那麼最終就會便成當下。這是你就能夠掌控住自己的行為，並且能夠在自己所扮演的角色中看清事物的本來面貌。

我重組說詞：「我現在不要做」，這讓我覺得更有力量。即便決定了不在當下執行，我還是覺得更有行動力，覺得動力來自「不要現在做」。我過後又自問：「為什麼不能現在做？又或者該何時做？」想著想著，我決定當下便付諸行動。因為若不當下處理又更待何時呢？我們有的只是當下，若我們善用當下，那我們就永遠都使用不到真正賦予我們的時間了。

我們已經過度習慣心裡對時間的既定概念，忽略了物理的時間。雖然時間只是人類為了在世上方便運作而創的虛幻概念，但我們仍就得循著這個概念去落實很多的事項。我們就算遵循這個概念也無妨，畢竟我們必須仰賴這個概念，以確保這個社會能夠順利運作。然而，假如我們得依賴「給於自己的時間」來自我觀察，那麼這個物理時間則有可能形成障礙。

我想說的是，善用上蒼給予你的時間。假設你想睡覺，那就好好的睡。你到底經歷過幾回躺在床上，但心中仍然不停轉動，就連夢中都在思考？下次試試看當你躺在床上時，好好觀察自己躺在床上的位置、感受自己窩在被單裡、感受自己內在的生命力、感受自己的心跳、閉上眼睛感受自己的氣息變長變慢。感受自己正漸漸入睡。你的大腦或許會浮現過去或未來的事情，或許會重複著你今天所做的一切，或是提醒你明天該做的簡報。你依然努力著睡去，但老是聽見耳畔的這些聲音，那麼就單純地聆聽吧！切莫加入自己的意見。

保持客觀態度，看看到底想傳達些什麼訊息。細心傾聽然後反問：「我當下該做些什麼？」當問題一丟出，馬上回歸到觀察自己的床鋪和被單。你即將入眠，那麼就觀察這即將入睡，但不著「入睡」的字句。感受自己的軀體越來越放鬆，心跳越來越緩慢，知道自己即將入眠，而你的大腦也將進入休息的狀態。身體一旦進入休息模式，你就不必浪費力氣想著別的東西。**思考會產生能量，當能量具足，就會演變為行動。**

如果在睡眠中仍在思考，就會耗費很多能量。這就是為什麼有時候我們醒來時會感到很疲倦，只能夠拖著倦怠的身子去上班或上課。你需要開啟內心的能量穴點，讓它們放鬆、開啟和更生。這樣，你就會以清晰的頭腦、充滿活力和能量的身體醒來。你將睡眠與當下合而為一，完全沒有過去和未來的干擾。你充分利用了睡眠的時間。當你睡覺時，就好好的睡，扮演一個最盡職的睡覺角色。當你醒來時，一樣於當下扮演好你的角色。當過去和未來過度干擾，那麼就專注於當下這一刻，切莫與頭腦抗爭。

接受現有的結果

你外在的生命其實是你內在的一種反射。我們將自己的頻率、能量、感覺、電磁波，或者任何你可將之命名的「元素」往外投射，所吸引的，也是你內心深處能夠感知到的東西。當我們感覺好或壞，必然從週遭引來同等頻率的東西。我們的內在感知並投射出一種磁場，然後吸引更多雷同的磁場。

我們看待一個事件，同時也反映出自己的內在，某些人對這個事件持歡喜的態度，但其他人則不見得如此。我們如何看待這個事件都無所謂，但是重點在於我們必須了解讓我們產生感受的，並非此一事件，而是我們自己內在對此一事件的反射。**感受即是感受，沒有所謂的對或錯，只不過是內在自我對外在世界的一種反射。**

人們何以喜好紅色？你對紅色的喜好並不會影響紅色本身的特質，紅色依然如故，毫無改變。不同人看著同一個顏色，某些人得到了屬於好的能量，而某些人則恰好相反。我們所得到的反射，其實也不過是我們自身的內在、經驗、感覺、文化、過去，與未來等等。我們的內在構成了我們顯現於外的形象，這也即是我們闡釋事件，以及與世界互動的根本。

想要到達最終對這個世界的覺醒，我們首先得接受現有的結果。接受現有的結果聽起來似乎有點兒消極，不過事實上並非如此。接受現有的結果和作出妥協並不意味著挫折。這種行為其實是融入狀況的一個開始，了解並非對整個事件我有絕對的掌控權。我們可以參與一個事件，但是卻不可能主導整個事件的發生。我們放下心中的「掌控慾」，然後開始理解我們個人所應該執行的部分。

你是否曾經覺得「這一切都是我的錯」，但怎麼有可能「全部」都是你的錯呢？萬物都是共存的，沒有單一事件能夠獨立生起，每一個事件的存在，都是由眾多因緣的和合而起。**我們所能夠做的，就是了知自己在整個事件中該扮演的角色，然後全力以赴。儘量不要「控制」其他的角色，因為這種掌控行為不過是一種錯覺。放下你的我執，切莫把精力加諸於我執，這樣我執最終究就會失去動力。**

所謂天生我才必有用。我們無力掌控這個世界，但是我們可以找到自己的腳本，然後賣力演出。我們往往誤解了自己的角色，以致沒把預期的事情做好。例如原子筆是用來書寫的，那麼它的設計和目的就是塗塗寫寫，或是作為文具。我們或可將原子筆用在別的用途，但是那就無法善盡其用。我們也給自己定了一個人生目標，若能從中找到愛與喜，把愛與喜當作人生的指南，引領你往前邁進，那人生就很美。

第三章

內在的實相反映出外在景象

停泊一輛轎車應該是輕而易舉的事情，這個經驗引發我思考的興致已經許久了，一直希望有機會與「擁車一族」分享。這個故事雖然聽來平淡無奇，但實際上是別具深意。在這個耐人尋味的故事結束之前，我還要多談談兩個故事。

有一次，我準備在一個商場的停車場停泊車子。當我正尋尋覓覓在找車位的時候，腦海中又浮現了好幾個聲音。其中一個聲音是：「就停泊在商場的進出口吧！」接著又是：「停在有遮蔭的地方好了。」然後又是一連串應我關注的聲音：「就停在……」。

我依然緩慢地輕移駕駛盤尋找可以停泊的車位。週六的停車場，簡直就是一整個爆滿，商場內充滿了人群，擁擠得水洩不通。我耐心地不斷繞圈圈找車位，但始終不得要領。二十五分鐘過去了，我看見停車場下端有一輛車子準備離開，我便開往前去等待著，「就停在這兒吧！」我內心欣然同意了。

在商場停車看來是件輕而易舉的任務，卻讓我忙得團團轉。就這麼單純的一件事，怎麼就會有那麼多意見呢？為什麼連停個位子都要選東選西？為什麼腦袋瓜總想得那麼複雜？當我選擇停車位的時候，「我」到底去了哪兒？

當停車場爆滿了，其中有一輛車正準備離開，那麼解決方案就顯而易見了，我們就停那兒好了。當我準備把車子停進去時，我可沒去思考車子到底是否靠近商場出入口或是遮蔭處。這是何解啊？

我把車子倒退之後，看了看停車位的空間，並刻意記下正確位置。我這麼做，是為了觀察，下次到同一個車位會有什麼樣的感覺。果不其然，隔週週六人潮就少了許多，到處都有空出來的車位，商場出入口和可以遮蔭的停車位也不少。我刻意把車開到同一個車位停泊。這個車位離出入口好一段距離，又沒得遮蔭，我停在那兒的用意是什麼呢？這次停泊的感受為什麼與上週六會差這麼遠呢？

選擇其實是種錯覺

當我們有得選擇，心中便為之紛紛擾擾，「選擇」是人們給自己造作出來的錯覺。假如我們別無選擇，就只能夠如實接受。當停車場已經爆滿，而一輛車子正好準備離開，多數人都會接受現況，將車子停進去。但是，這難道是我可以選擇的停車位？所以如果到處都有停車位，我停在哪兒又何妨呢？假如當時停車場接近爆滿，只剩下唯一的車位，那我停進去又有何妨呢？

這個故事只說明了你到底想不想停車。你或許可以說想要在繁忙的週六下午去逛商場，便注定了你極有可能找不到停車位。停車的位置不過是一個錯覺，只要我決定了停泊，我便會停泊。如果正巧是繁忙時間，我只是需要多耗一段時間，但我最終還是可以停好車子進入商場。當我們看到問題的核心，就能夠看得更透徹。有關停車事件，我需要的就只是停好車，然後走入商場。我一旦限制自己非得停在商場出入口或是遮蔭處，那麼我就是在為自己製造煩惱。如果我對這樣的幻想感到不滿，心裡就會不快活。當我可以將轎車停在原處，心裡就很不舒服，因為出入口或遮蔭處都有空的車位。

我很納悶，「選擇在繁忙的週六逛商場，是否意味著我當天的運途已成定局？」有人或許會反駁說，命運並非就此不可改變，因為還有選擇。大不了我就離開爆滿的停車場，另外再找時間逛商場。假如我耐性夠，商場又是非逛不可，那麼我就慢慢找尋，直到等到停車位為止。假如我不耐煩，我就離開滿檔的停車場，這是否意味著我真有選擇？抑或是本為定局？本來就該如此？自己下決定的結果，其實也不過是現狀呈現在我面前而已。針對這一點，讓我再與大家分享另一則故事。

一個女人刮了男人一記耳光，男人氣極了，對女人咆哮，女人隨即離開現場。女人隔天回來再給男人一記耳光，男人再次對著女人怒吼，女人再次離去。如果這樣的事件一而再地發生，男人必然會重複向女人怒吼。倘若我問那男人何以生氣，他必然會回答，那是因為女人打了他的臉。

我問男人：「你選擇生氣？」他回答：「是啊！我選擇了生氣。」我再問：「假如你有所選擇，那麼你是否可以選擇不生氣？」男人回應：「不不不！我還是選擇要生氣。」我心裡想：「那麼你就是別無選擇，因為你讓現有條件牽著鼻子走。」現有條件包含很廣，或有可能是男人的習性、人格特質、環境因素，又或者是當下情況。讓我們再作另一個假設。

一位男士升遷後舉辦了一個慶祝晚宴，同一個女人到會場賞了男士一巴掌。這位男士並沒有發怒，因為他還處在慶祝的喜悅中。這位男士是否「選擇」了不生氣？抑或是當時的條件已為他做了選擇？我們往往讓現狀決定了我們的行為而毫無覺知。有時候我們雖然意識到了，但卻加以否認，因為總認為那是在自己的掌控之中。事實上，沒有什麼是可以掌控的。

我們之所以存在，是因為有肩負的使命；我們毫無怨尤地去完成，這是本然。在久遠前，你早就選定了你該走的路了。雖然我們並不知曉，但路就在面前。當我們清楚意識到自己的行為和感知，我們就對自己選擇的道路有進一步的客觀了解。我們何以感到憤怒、悲傷、疑惑、快樂，安於現狀或是毫無畏懼？我們潛意識地學習和造就我們的前途，每天都在鋪排著既定的道路，無論你喜歡與否都不重要。再重申一遍，人生的境遇，其實不外是為了將我們的內在展現出來。當我們看到了自己的內在，接著該如何去付諸行動，就看自己了。

假如你對這個故事存有疑惑，那麼讓我再談談最後一個故事，然後才回歸到原來的問題。你是否曾經為了張羅餐點而傷腦筋？假如你有機會好好思考這個問題，那麼你應該是很幸運的。你是否想過該選擇壽司或是披薩、豆捲還是米飯、燕麥或是五穀？你對於自己的食物是否有所選擇？表面看來，你似乎可以選擇不同的食物，而不同的食物也將使你有不同的健康狀況。事實上，當你呱呱墜地的那一刻起，你就注定了得吃東西。根據你出生的區域，你就注定了以某些食物為主餐，某些食物為輔助。根據你出生的國界，你也可能偏向某一種食物多於另一種食物。

地球某些區域的人們傾向以米飯為主，麵包為輔；而有些則多吃海鮮少食紅肉。不過我們都有一個共同點，非吃不可！那麼進食的目的是什麼呢？吃，其實是為了讓我們積蓄存活下去的能量。只要我們有足夠的能量活下去，吃什麼食物其實並非關鍵，這也就是我們今世的主要動機，或是驅動力。

然而，當我們無法透視這個基本層面，就只能夠任由不同「條件」牽引著我們。有些人吃是為了平撫悲傷的情緒，某些人肥胖，是因為他們吃得起，有吃的條件。圍繞著他們的條件，或許是他們進食的主要動機。我們必須知曉吃是讓我們繼續存活的必要因素，也是主要原因。知道我們進食是「別無選擇」，而食物的種類相對不是最重要的，關鍵是我們吃的時候能夠得到足夠的能量。

現在回歸到我們原本的問題：你在停泊的時候，你身心何處？你是否預見將把車停泊在哪兒？你是否看見自己將車子停泊在出入口，或是遮蔭處？又或者只是單純看到自己隨便停泊，然後進入商場？你是否觀察到自己在途中作選擇，還是盡情享受你原本已經計畫好的道路？當然，答案沒有所謂的對與錯，也沒有好與壞。無論你做了什麼，背後必有原因，而我們是否知道原因，將會影響到我們的行為。

假如你停泊的目的就只是為了停車，那麼位置就不重要。這就好比進食的目的是為了有能量，因此食物的選擇其實不是關鍵。停泊的過程可能讓你很開心，因為滿足了你停泊在商場出入口或是遮蔭處的期望。不過於此同時，也可能讓你心情不佳，因為無法滿足。我造作出停在出入口或是遮蔭處的期待時，也同時創造了自己的痛苦。專注於我們該做的，而且學習不給予我們思想更多的能量，能幫助我們結束自己製造出來的苦難。

在這個個案當中，在出入口或是遮蔭處找停車位，即是一種執著。當停車場爆滿，我們的執著就被迫減低，當我們不再想著一定要停泊在哪兒時，執著就不顯著了，而我們最後即能欣然接受任何空出來的停車位。

我第二次停泊在同一車位時就是一個很有趣的感受。當時出入口和遮蔭處都有很多空位，因為自己不夠灑脫，所以覺得難以釋懷。即便我只做了該做的事情（單純停車），我還是執著於停泊在靠近出入口，或是陰涼的停車位，我感受到自己想要滿足慾望的心態。我該如何變得更超脫？該如何終止這種苦惱？突兀地中止慾望，只會造成情緒上或是身體上的「傷疤」，後果可能是對其他事項造成更大的執著。

我必須先學會觀察自己的行為，學習減少執著，不要那麼黏膩。客觀地觀察自己的行為，能夠讓我們意識到沒有偏頗的感覺，然後感受到對事物產生執著的隱情。當我們能夠透視執著的意涵，或許就能夠給予自己選擇放下執著的機會。

內在的實相反映出外在景象

我是一個思想家，我的頭腦告訴我「我是誰」，我就照著指示。我是一個典型的「我思故我是」的人。我常無病呻吟，而且最近甚至為了一些想像出來的事情煩惱。我煩惱著自己匱乏的事情，也煩惱著自己豐盛的事情。我不禁自問，這是何苦來哉！

讓我分享一個經驗。我有未雨綢繆和作假設性推論的習慣。我可以說是機關算盡，將許多可能會發生，以及不可能發生的事情，都納入我的計畫之中，並相信只要做好充分準備，無論發生什麼事情我都可以隨機應變。我喜歡具有充分掌控的感覺，並且引以為豪。

有一次，我嘗試獨自解決一個問題，但是覺得非常棘手。這個任務就是將一篇文章從甲語言翻譯到乙語言，然而真不巧，這兩種語言都是我陌生的語言。起初，我用了自己解決問題的技巧自行處理，忙著翻字典，結果最後我對於翻譯的準確性毫無把握。我面臨困難，而自己卻無力承擔，因此感到既懊惱又無助。我到處請求支援，尋求解套的方法。我扮演了到處求助的角色，希望處理這件對我而言極為陌生的任務。最後，我只能夠等待，等待著有能力回應的人，希望他們能夠協助我解決這個問題。

接著，我開始煩憂，不知該如何是好。焦慮戰勝了我，而我很快地便被不同的情緒打敗了，我越想就越被這些假設推理搞迷糊了。我需要援助，並告訴我自己不要再胡思亂想，但是腦袋瓜總忙著到處攀緣，想著所有可能的結果，嘗試著為各種後果做準備，那……就是我！

我腦海裡有個想法，就是找個專業譯者協助，而此人必須精通甲、乙雙語。但我該從何處尋覓此人選呢？我到處詢問，然後開始焦慮，因為很難在短時間內找到這樣的人才，我等待答覆的當兒又被焦慮打敗了。腦袋充滿不安和負面假想，搞得自己的飲食起居都無法正常進行，寢食難安。最後發現自己就在煩惱中，於是開始意識到不安的情緒都有相當侵略性，同時也意識到焦慮於事無補。

我不知何故來的焦躁，感覺焦慮構成了部分的我，我已經習慣了在失控的情況下感到焦慮。然而這種認知只是短暫性的，我越是嘗試排遣不安，心中就越是不安，我真的不知道該如何應對。我告訴自己：「或許我應該學著與焦慮共存」，當我正與這些焦慮周旋之際，有不少人回報我說哪些人可以幫我翻譯。但這個狀況將我自己暴露出來，讓我知道原來我是個焦慮型的人，是我以前不曾覺察到的。

這個體悟，使我首度感受如釋重負，感覺很棒，感到戰勝了一切由自己所造的煩惱。煩惱這時在我心中悄悄然，讓我可以吃得坦然睡得安穩。我心中暢快，覺得一切已在掌控之中，解決方案已經明朗，幫助我的人多得超乎我的想像。然而，這種勝利感依然是短暫的，我對周遭一切的擔憂又開始抬頭。我擔心幫助我的人太多，所以開始在腦海中算計著可能呈現的結果，開始計劃著該如何在事情發生時應對這些想像出來的結果，我又再次落入了勞心勞神的思維模式。

從擔心無人幫助到擔心太多人幫助，我經歷了兩個極端的煩惱。其實不管我是否擔心，問題總會有自己的出口，因此我不禁自問：「那我為何擔心啊？」有一個短暫瞬間，我的腦海是無憂無慮的，我回歸到憂慮悄然的經驗。於是我開始想：「我該如何延長這個美好片刻呢？我是否能夠過一個沒有煩惱的生活？」

我開始回想過往的經驗，並且進行嚴謹的自我觀察。我發現我所造作的煩惱，都與過去和未來掛勾，但煩惱無法解決眼前的問題。我自問：「我這樣的見解是對的嗎？」煩惱無法從過去和未來提供參考值，然後掌控當下。這些憂慮只是參考值，並非真相，不過是大腦造作出來的產物，因此我不該使之成形，逐漸轉為我的情緒。

我這時有如靈光乍現、忽然覺醒，覺察到來自我腦際的聲音其實並非本意。這些聲音不過是偽裝成「我」，誘導我去做那些事情，我不過試圖造作出「擁有掌控」的一種錯覺。然而事實上掌控不在於我，我無力操控。不強行掌控並不意味著我不在乎，我仍然扮演好自己在這世間的角色。我是事件的一份子，而事件本身亦是我的依報。事情的結果並非關鍵，因為時間萬物共為依報，沒有一物是能夠獨立運行的。

我們本來就互為因緣，所以必須如實接受一切結果，而結果是我們內在的反射。我那天見到了自己於外在世界的煩惱，儘管我對此一點兒也不欣賞，我不但需要學習接受，而且還需與之共存。我那天完全放下，扮演好我在該事件上的角色。我原諒自己多憂慮的性格，感謝該事件讓我看清自己的本來面貌。我學習著不將精力投注在煩惱心，開始學習過一個沒有憂慮的人生，那真是一種讓人鼓舞的感覺。我開始反省自己其他的情緒問題，某些情緒較為容易學習。事實上，負面情緒還比正面情緒容易得多。現在，先讓我們看看如何讓負面情緒消退。

到我們喜歡的地方是比較容易的，我們有動機享受在那兒的時光、擁抱那兒的感覺。那麼我們在面對厭惡的事件時又該如何自處呢？到醫院探望生病的親人，經營一個賠錢的事業，待在一個整天吵吵鬧鬧的家庭，維繫貌合神離的婚姻關係，無力解決工作職場的問題……等等讓人不快的事情。或許當我們不將這些事件予以好壞來評價，就可以學習如何用不同的角度欣賞、面對。我們必須學習面對、理解、與之共存，並成為它的一部份。

有效驅散負面情緒的方法

我天天都周旋在一堆的雜務之中。我有時候見到自己在一個事件上的積極態度，但下一刻，負面情緒隨即生起。這種有如雲霄飛車般的心情起伏，確實讓我疲於應付，但我都學著擁抱每個當下。我往往看著自己將正面情緒緊緊抓牢，而只要負面情緒一抬頭，我便將之驅逐。我相信人們都喜歡快樂，不喜歡負面情緒。這是如何辦到的？其實有好幾個方法，而我自己也有好些經驗可以分享。

排遣負面情緒方法有好幾個：面對、不挑戰、允許。當面對負面感受時，集中精力注視著它、經歷它。你或許感到傷痛、憤怒、沮喪、內疚、怨恨、羞愧等等負面感受。請不要抗拒，不予以評價，不給藉口，也不耗費多餘的精力。讓自己好好地擁抱這種感覺，然後讓這股力量慢慢消散。

每當我們開始比較、評價和執著，我們內心就開始製造困惱。我們會這麼做，因為這是我們從小就養成的習慣，也是我們在這個世上賴以生存的方式。我們的文化、歷史、家庭、教育、社會地位等因素，都是告訴我們自己定位的構成元素。只要是我們腦海存有那些構成因素，就勢必會自尋煩惱。想要放下這些元素相當困難，因為這幾乎是與生俱來的。我並非試圖讓你放下這個觀念，只是想讓你知道，我們可以用別的角度看事情。與其用二元對立，不如用其他方式來看待事情，我們可以把狀況視為能量好壞或因緣的俱足與否。

在我生命中曾有多次覺得已達不惑，對一切事物清清朗朗，然而最近，心中卻生起了疑惑、無常，與不安。這個事件幾乎擾亂了我的人生，讓我無法應付日常生活，就連最基本的事情都變得寸步難行。我吃也吃不下，咀嚼食物都讓我煩躁不安，於是吸引了負面能量的同時，也將這種負面傳播到我的周遭，不但自己有困擾，就連身邊的人事都遭魚池之殃。我雖然很不喜歡這個經驗，但是我終究熬了過來。

我很慶幸身邊能有許多善知識讓我發覺自己身上的問題，他們猶如我的希望火炬，為我點亮迷霧重重的道路。與其將這股負能量默默吸收，他們選擇了將能量投射回來，讓我看清自己所反射出去的東西。當我看清真相後，簡直傻了眼，難以置信「疑蓋」（五蓋之一，貪欲、瞋恚、睡眠、掉悔、疑法為五蓋）竟有如此大的威力，完全蒙蔽了我修行中的理性，我怎麼能走回頭路？我怎會如此大意，讓疑惑偷偷地占據了我。經過一番深思靜修，我終於恢復了原本內心的自我，明瞭這個教訓。

我感到慶幸，因為這個經驗教會了我要更加審慎，覺照內在自我時更加敏銳，我感覺自己更加靈活和專注。我覺得有必要再回歸自己愛做的事情，找尋自己在人世間的目的，寫下我的經歷與有緣人分享。

在事情不明朗的時候，腦海的想法和建議有如飛絮，讓我感到內在一股力量互相角力。類似這樣的時刻，我就必須專注，將熱忱導向生命的意義。當我精力薄弱的時候，身體的動力就變得很低靡，變得很容易迷失。我放縱自我，任由自己對外在世界的執著帶來苦惱。我學習如何敏銳覺察這些執著，並嘗試著抗爭，企圖甩掉這些執著。然而當我越是掙扎，執著越是黏附得厲害。我接著學習客觀地觀察這些執著，如實地認清、接受，靜靜地看著，停止繼續給它能量，這些自我便緩慢地逐漸喪失黏附的力量，然後腦海裡開始變得清朗。

當我開始感到消極，我能夠從我周遭的事物得出一些端倪。食物變得似乎不夠美味，因為挫折感來襲，令味覺喪失其敏銳，食物自然不爽口。當我感召好能量時，一樣有雷同的過程。

角色扮演

事物的表象和想像中是有落差的。例如一個紅色杯子就只是一個紅杯子，假如我把這個杯子讓兩個人看，並詢問他們對杯子的看法，他們很可能會有不同的見解和想法。為什麼多數女生都比男生喜愛紅色呢？而男生卻偏愛藍色？我們的大腦因為社會、歷史和文化等等，我們的思維模式變成了「程式化」。這些預設的價值觀和條件，打從出生，便已將我們塑造定型。

該如何超越這些定見呢？紅色即是紅色，這不代表女生就非得愛紅色，藍色即是藍色，與男生是否喜愛藍色無關。那麼粉紅色呢？如果一個男生因為喜愛粉紅色而被戲弄？這真是不可理喻！我們必須回到最單純的思維模式，也就是幼童的思維模式。讓我們好好觀察這些小朋友，並向他們學習，在與他們互動時嘗試追溯我們的本源。

我們其實都在遊戲人生，在成長過程中或許都要扮演好幾種角色。我們可能是一個兒子、女兒、父親、母親、學生、雇主、員工、歌手、舞蹈家、演員、運動員、妻子、丈夫等等。我們一般都會向自己的父母看齊和學習，我們可以與他們一樣，也可以與之不同。當我們看著別人扮演的角色時，切記要客觀觀察。當我們向他們學習時，一定要心存感激。

感恩心極為重要，因為隨著你的觀察與年齡的增長，這個心也會伴隨你一起長大。充滿感恩的心，必然會在生命中為你帶來助益。你接著可以學習自我觀察，看著自己如何落實自己的腳本，以第三者的角度從自己的生命經驗中學習。

我們觀看到他人的人生際遇，往往都比較清楚，因為我們是旁觀者，我們以第三者的觀點去看事件。我們可以感受到站在他的立場時該如何做，但是當我們面對自己的處境時，卻遭主觀意識所蒙蔽，以致很難看清整個局勢。當生命給我們帶來挑戰，我們應該感恩接受，承擔生命所賦予我們的，然後思考該如何應對才是最好的。你喜不喜歡去做是一回事，但是你必須試著找尋自己的目標，然後確保能夠良好運行。

例如鋼筆的任務就是書寫，只要筆內還有墨汁，就有可能在白紙上寫字。當一個人提起筆來書寫，鋼筆就善盡其職，至於字體的美醜，與鋼筆一點兒關係都沒有。用亞里斯多德（Aristotle，西元前三八四年至前三二二年，希臘哲學家，柏拉圖的學生）用過的油刷畫出來的畫，難道會比用其他刷子畫出來的漂亮？用莫札特（Mozart，一七五六年至一七九一年，是一位天才型的音樂家）的小提琴，難道就可以奏出更美麗的樂章？我們該如何學習？是夠透過聆聽講座？或是透過實際操作？還是透過模仿他人？我們學習的領域和速度各有不同，對呈現於面前的人生課題，也各有不同的理解。

第四章

你的救贖

好幾年前，我在一個四路交通十字路口遇到交通事故，我在停車指示牌前方停下，然後慢慢駛向前去。當我慢慢踩著油門時，我看見一輛轎車快速從我右手邊飛奔而過。我原以為他會在停車指示牌前的位置停下來，但是當我轉過頭去想看清楚車子的模樣，卻發現車速快得無法避免一場交通事故。車子並沒有在牌子前方停下，而是直接往右邊行人道輾過。在兩秒鐘中，我對當下有著極其劇烈的覺受，僅是兩秒鐘，似乎延展到了一個極點。

我從未有過如此經驗。就在這短短的兩秒，許多回憶從我眼簾飛速放映，接著當我觀察車子飛過時，腦袋瓜一片空白。我當時只有絕對的專注，心無旁騖。多年過去了，我多次回想當時的情景，而每次都有些許細微嶄新的感覺。

遇見那樁事故時我還年輕，即便肇事不是我的錯，我還是得經歷複雜的保險理賠程序。我從那個事件受益良多。雖然表面上，我是學習如何處理保險理賠，以及修車的事情。當所有事情告一段落，我開始自問這到底是為什麼。我能夠避免這樣的事故嗎？這到底是命運還是純屬偶然？這事件是否在暗示我一些什麼？我試想我是否能夠避免這場意外，假如我快一秒，或者慢一秒啟動引擎，或許我就能夠提早幾秒鐘踩煞車，讓那輛車子先行，又或者是我若把車開得快一點，那輛車便沒有機會撞上我。我問了好幾回，而時隔多年，我終於說服自己，假如我當時能夠有所作為，那麼車禍就不會發生。

我想：「我是有可能避免的。我其實能夠主導！這不過純屬意外，本來是不該發生的！」我感覺到擁有主宰力，總比讓命運左右好。事故發生後這些年來，我只要開近十字路口，就會開始謹慎起來。我更加小心駕駛。那次的經驗不斷在心中浮現，告誡我不要以為車子一開到十字路口前面，就會「如常」停下來。我在開車時，對很多狀況都不再隨意做假設，而且比以往更加細心。有一次，當我又開到十字路口時，停下來後便左右查探，確保附近沒有車輛。那時剛好看見一輛車子莽撞地越過交叉路口，幾乎衝到路口中間才停下來。假設我那時繼續往前，勢必很難避免另一場交通事故。

我心裡想著：「看吧！我真的可以主宰！我看著車子開過來，然後讓它先通過，因此避免了一場車禍。」那位車主向我揮手示意，表示他為超車而感到抱歉。我真的可以主宰嗎？其實不然。一切事物的發生，都需要具備某些因素。以那場交通事故為例，事情的發生，有我、另一個車主、十字交叉路口，以及那個時間點，全部的因緣都具足了。

基本上說，就是需要對的時間、地點，與「元素」。我開始把事情分解到最基本單位，並暫時省略了時間和地點因素。只要對的因素該是如此，必然就是如此。但我們往往看不到這個盲點，因為我們更加在乎時間和空間因素。因為我的駕駛習慣使然，我對本來就會發生的車禍無力主宰。這與我早一秒鐘啟動引擎，或是早一兩秒鐘踩煞車毫無關係。

這也就是第二次沒有發生車禍的原因，因為「我」的因素有所不同，我之所以沒有往前，因為我已經是一個謹慎的駕駛員，對周遭的環境更加關注。我並不會假設其他車輛將會怎麼做，而是單純地看著事物所呈現的實相。我對於當下更加專注，更加傾聽我心中的聲音，並且接受一切所呈現出來的結果。

我對於生命試圖呈現的深層意義是尊重的，看著事物所呈現的表象，然後去感受這個經歷中更深層的意義。每當我往生命深處探索，就感覺到這個經歷中還有尚待開發的更深層意義，我能夠透過與他人的互動將之開發。禪修是反映出日常經歷的好方法，讓我們以客觀角度去看待自己，以便讓自己去體會人生的深意。命運或是巧合，都只是看待事情的不同層面。

讓我再試舉一例。要煮一鍋飯，最簡單的形式包括三種元素：水、米、鍋。我們只是需要將米洗好，放進適量的水和米在鍋中，設定四十分鐘的烹煮時間。水、米、鍋，也都在變成白飯的過程中扮演各自的角色。難道將這三種元素做成米飯的也算命運？假如我們如實接受水、米和鍋的本來型態，那我們就有可能如實地接受米飯所呈現的樣貌。

某些人的掌控慾會強些，會試圖將這些元素操作成他們想見的樣子。假如你不能夠接受最後所呈現的樣子，那麼操縱也無妨。假如你把水放多一些，那最後煮出來的就會是稀飯。假如你把水換成牛奶，那你就會煮出不一樣的米飯。假如你把白米換成糙米，那麼你又會煮出另一種型態的米飯。倘若你提早二十分鐘切斷電源，呈現出來的結果又會不同。我們需要學習適應生命中的不同角色扮演，然後接受其所呈現出來的結果。

內心的救贖者

我們一直都在找尋救贖者，一個可以拯救我們、引領我們、減輕我們負擔、減少我們痛苦、讓我們從苦難中解脫出來的救贖者。假如我們仔細觀察自己的周遭，就會發現救贖者到處都是。當你看到他們，或是感受到他們時，就會懂得珍惜他們。

這些拯救者有可能是你的父母、愛人、朋友、家人、同學、師長、老闆、工作夥伴，甚至是陌生人。我們往往都會從不求回報的陌生人當中找尋救贖者，但是假如你願意接受周圍的人成為你的拯救者，允許他們扮演拯救者的角色，那麼他們也可以是你的救贖者。

我很慶幸能夠認識一位女士，她有一段很精采的故事。她身邊總圍繞著大大小小的事故。她並不是事故的主人翁，但事故發生時，她往往都是目擊者。我與她在一起的時候，就發生過三次意外。大部分的人一年當中，說不定也難得碰上一回意外，然而意外對她而言，已經頻繁得讓她習以為常。意外並非發生在她身上，而是發生在她身邊的人身上。她為人很好，總是積極地參與社區活動，到許多慈善機構當志工，只要她能力所及，就會傾囊相助，她為什麼會變成這樣的一個人呢？

有一次，我們在一個小攤販前面聽到一聲撞擊的巨響，原來有一輛車撞上對面街的另一部轎車。我們站起來，看到許多人湧向現場想要幫忙。我見到幾個人站在路肩，在那兒指指點點、竊竊私語。幾分鐘後，救護車和消防車同時抵達，為傷者處理傷口和清掃道路。我認識的這位女士毫無驚訝的神色，因為這對她來說已是司空見慣。

但對我而言則很是驚訝，因為這一幕讓我想起了前幾年發生在自己身上的車禍。見到她的泰然自處，不禁讓我有些微的訝異。她開始評論著事發的狀況，以及人們該做和不該做的事情等等。我只是聆聽著，我最後從她身上衍生出這樣的疑問，她怎麼會變成這樣的一個人呢？

有時候，生命總會以其方式來教導我們某些東西。有些教訓來得異常嚴峻，讓我們不得不提高警惕學習。有些經驗則是在你生命攸關的當下才得以學習，不過假如學了之後便走向死亡，那麼這就不是一個好教訓了。先讓我們先回到那位女士的故事吧！

我問她：「你見證過很多這樣的意外嗎？」她回答：「是啊！在某些情況下，有些人是需要援助的。」我再問：「你懂得心肺復甦法嗎？」她臉上掛著自信的微笑回答：「會啊！我懂得心肺復甦法和一些急救常識，我曾上過救護的課程。」我追問：「那麼你如果看到需要幫忙，你也會運用自己的技能去協助他們嗎？」她繼續解釋，她腦海中這個世界應該呈現的情形：「我覺得人本來就是應該互相幫助的呀！」

我覺得她擁有救贖者的好特質。她對於發生意外一點都不覺得害怕，也不會因此逃避，而且擁有幫助他人的技巧和幫助他人的意願。

往往生命也不會選擇在致命時刻教導我們，假如在生命最後一刻才得到學習，那就不是一個好教訓。有時候意外的發生，其實是為了讓人學習一個教訓。假如事發時，有一位猶如天使般的救贖者在場，那麼這個教訓讓僥倖者存活的可能性就會大大提升。救贖者能夠以一個救星的角色去幫助傷者，希望他們能夠從經驗中學習。我可以理解這位女士，她何以對那些面對災難視而不見、不願伸出援手的人有強烈的反感。然而，她已經理解到，並不是每個人都具備救贖者的良好特質，她成為救贖者的原因，與她的成長過程息息相關。

生命似乎總會給人一個選擇，然而事實上，我們所選擇的道路，是我們老早就已經選定的。日常所發生的現象或許有不同，然而我們本質上仍在走我們久遠前所立定的道路。我心中納悶，我當時給她這樣的答覆不知是否恰當。我說：「你是一個救贖者，我很榮幸認識你。」內心也因為她能夠服務社會而感到榮幸。

我很好奇我自己的特質是什麼？我的生命目標又是什麼？在生命旅途中，我們有時候腦海中總會浮現此類問題，然後很好奇。假如我們來此，是因為要完成某項生命的任務，那這任務是什麼呢？當我很小的時候，都會扮演好小孩和兒子的角色。我到了學校，就成了一名學生。我進入職場，就成了雇員。我涉足商場，就成了老闆。我女兒出生時，我搖身成了人父。難道我選的這就是這種膚淺的日常生活？未出生前，我選了什麼樣的道路？我何以知道自己是在正確的軌道上？

當我們學會不把事情視為理所當然時，我們就準備好和我們的救星會面。你是否會感恩那些為你縫製衣服的人？感恩那些建造房屋供你居住的人？感恩農人、食物和政府？你是否感恩父母將你生下？感恩吸入的空氣讓你得以繼續生存？當你與救贖者相遇，你會怎麼做？

放下課本，我們才能學習挑戰知識

我安頓小孩入睡時，都會講很多的故事。這些故事都有其背後的道德教育，以及各種人生課題的重要見解。故事要傳播的有可能是誠實、正直、智慧、特殊技能，或者是一般日常生活的故事。這些故事都有一個共同點，那就是有付出就必有回報。當一個角色提供幫助的時候，總會加上一個附帶條件。或許這個回報能夠讓故事更加生動，或許這個條件會讓故事更具真實性，或許這個條件是為了告訴我們什麼。

要找到一個不求回報付出的人，真是很困難。在現實生活中，不求回報的幫助已經越來越罕見。你可曾見到一個陌生人幫助另一個陌生人的故事？我從這些故事中，學會了先幫助他人再請求協助。在《公主與青蛙》的故事中，當青蛙潛入池中為公主找尋金球之前，牠就作了一個請求。

這真是一種福氣啊！當你尋求他人的幫助，而假設他們要你先提供協助，那麼這種交換就會很殊勝。我們經常都尋求我們的救星毫無條件的幫助。在現實中，我們周遭的人可能是我們的救星，但他們未必就會毫無條件的提供幫助。但是如果我們也願意提供幫助，這些在我們身邊的人也會是幫助我們的人。學著成為他人的救星，那麼當你需要援助的時候，你也能夠得到他人的幫助。

我在大學的歲月裡，曾經在一堂課上有所頓悟。有一天，在生物學課堂上，教授講解了我們在這兒上大學的理由。我原以為那堂課也會與往常上課那樣無聊，但是沒料到這堂課卻讓我事經多年依然懷念。教授以一個簡單的問題做為開場白，他問：「你為什麼會在這兒呢？」然後期待聽眾有所反應。「假如你在這兒，只是希望順利累積足夠的畢業分數，那請你舉手。」我們互相環視周圍同學，然後許多人畏畏縮縮地舉半手。「假如你是為學習而來，期待畢業後哪天能將課堂知識派上用場，那就請你舉手。」這時觀眾席傳來一陣歡笑，接著只見空中有幾只高舉的手。

「我們下週有一開卷考試。哪位同學可以告訴我為什麼我們要來個開卷考試？」很多原本半夢半醒的學生這時睡意全消，與鄰座同學竊竊私語。我也很好奇，把筆放下後開始思考，同時認真傾聽即將傳來的答案。

教授說：「現在大家都開始專心了，那麼我將告訴你怎麼找到問題的答案。」他向我們講解了與學習有關的有趣事實，學習的內容和學習這些知識的原因。我很專注地聆聽，希望能夠解決開卷考試的問題。我聽他娓娓地問著問題，每當他給予班上同學回應的時間，那段時間總是一片充滿期待的沉寂。

就從幼兒園開始好了。我們為什麼學習唱歌和跳舞呢？你還記得你唱過什麼歌謠嗎？你還記得你曾經學習過的舞步嗎？在那個年級所學習的歌曲，內容重要嗎？

我們當時學習唱歌和舞蹈的原因何在呢？他要我們排除學習的內容，只是單純思考原因。學習唱了什麼歌和舞蹈的動作並不重要，我們在那個年紀學習唱歌和舞蹈，因為我們需要學習如何發音和學習運動我們的肌肉。如果你不記得你唱過那些歌謠，那也無所謂。你或許學習如何隨著音符發音。如果你忘了舞蹈的步伐也沒關係。你或許學習了如何行走、跳躍、旋轉和跑動。

當我們從小學一年級進階到高中階段，我們為什麼要從書本上，學習數學、科學、歷史和語文？我們學習這些知識，因為我們需要解決數學中的解題方法，從科學中學習觀察，從歷史課學習背誦，從語文科學習溝通。在大部分時間內，我們都需要專注背誦，因為這就是我們學習的進程。當時並沒有所謂的開卷測試，因為我們還需要學習記憶，並且從書本的說明學習。

現在既然已經到了大學階段，死背硬記已經不是必要的，所以才給你開卷考試。我希望在你小學到中學這個階段，已經掌握好背的能力。開卷考試的目的，是為了測試你是否有能力找答案。不僅於此，在大學階段，你還必須了知書中可找到的未必是唯一的答案。你必須自我挑戰給出一個很獨到、很有創見的答案。

當我們提出地球是平面的時候，大家都信以為真，直到有一天，某人重新審視這個說法，並證明了地球並非平坦的。當他證明了地球實為球體狀，大家開始相信了地球並非平坦的說法。大約有八成五的人相信書中所說，而只有一成五的人勇於挑戰書中的答案，相信地球不是平坦的。在開卷測試中，假如你能夠從書中得到解答，那麼你的成績將會得到一個「及格」的成績。假設你有膽識給予不同的答案，那麼你就準備成為下一個證實地球並非平坦論的那個人。

當我上生物課時，教授繼續告訴我們這些觀念，同時也繼續在證明這個理論。他問到我們在課堂上所學到的知識，對我們以後的生活時候未必有用。他估計只有百分之一的學生以後會用到在課堂上學到的知識。可是假若你繼續深造博士學位或走教育界的路，你會用到課堂知識的可能性才將大大提升。多數學生畢業後，我們只能帶著畢業文憑，以期能夠找到一份好差事。而這份工作往往與我們所學領域相差甚遠。那麼大學的用意何在啊？我們必須理解到我們在這兒，就是學習掌握技能，例如解決問題、記憶事實、溝通，和創造性思考。

我能記得在生物課所學的已經甚少，但是我帶走了教授所傳授的明辨慎思。我們必須學習放下所學的內容，才有可能學習到生命背後所要傳導的課題，放下歌曲的歌詞，我們才有可能學會發音；放下舞蹈的步伐，我們才可以學習到運動的機能；放下學習的材料，我們才能由背誦中學到教訓，並且對錯誤不會重蹈覆轍。放下課本，我們才能學習挑戰知識，探索其他可能的答案。

最後，我們學習到生命沒有所謂的對和錯。生命並沒有所謂的贊同與否，那不過是相對立的錯覺。

動機的重要性

人們何以做著他們做的事情？他們行動背後的動機是什麼？我們是否都在這兒做了自己該做的事情？生命的真正目標是什麼？有些人擁有少數積蓄，或者是毫無積蓄，當他們擁有一點點的財富，就會把所有的金錢花光。有些人貸款更多的錢，而最後累積了更多的債務。有些人用有許多積蓄和財產，但他們仍然很辛勤地工作。

人們生活中所做的事情不勝枚舉，我們都在這裡找尋著自己的目標。有些人尋求解脫之道，而有些人則尋找致富，或健康的道路。有些人為自己建立了家庭或友誼，有些人從救贖他人的行徑中找到自己的方向。我們撒手人世的剎那，到底帶走了什麼？我們離別後，又留下了什麼？我們行為背後的動機又是什麼？

我觀察生活周遭的一些人有些心得，有兩個例子要與大家分享。請不要以對和錯來加以論斷，觀察他們，並看看是否能夠為困擾你生活好一陣子的問題解套。有一個辛勞工作的家庭在繁忙的街區打拼，父母都在工作。他們每個月都必須負擔貸款和日常生活開銷，所以如果發薪日之後能夠有一點點剩餘，他們就覺得很幸運。先生是一個好丈夫、好父親，在太太上班之際就會抽空照顧孩子。他們在辛勞之餘協調好，同時工作和照顧家庭。

妻子也是個了不起的人，對於幫助他人從不留餘力，只要有閒暇時間就會參加社區志工服務。他們的小孩分別為7歲和9歲，比一般同年紀的孩子要成熟得多，在學校是努力求學，課餘時間則幫忙料理家務。這個家庭常常花時間參與社區社工服務，並且到養老中心幫忙。他們能夠花在娛樂的預算很有限，但是只要是天氣好，他們就會參與戶外活動。他們往往日食一餐，而有時候更是窘困得只能夠負擔孩子的食物。當然，他們偶爾也很幸運能有微薄的積蓄，全家就可以享用一頓美食和甜點。

妻子指著一個慈善機構的宣傳單說：「假如我們銀行有一百元，我們就能夠捐出五十元拯救一頭大象。」這真是一個令人難以置信的話語啊！可是丈夫卻說：

「噢，不。假設我們有一百元，我們就能夠拯救兩頭大象。」他的發心更大，看著自己說：「我們可以做到的。」

接下去的那個月，他們減少一點點開支。其實整個家庭的開支，也不過是食物、交通費和租金。他們減少食物份量，騎腳踏車去上班。當月，他們剩下了加幣一百二十五元。他們捐了錢給慈善機構拯救兩頭大象之外，還剩下一點點錢帶孩子去參觀博物院。他們的夢想就是賺夠錢讓孩子唸大學，然後退休。

他們在工作與家庭的時間平衡。他們也曾放棄某些工作的大好機會，只因為他們想要花時間陪伴彼此以及孩子。他們在工作上賺得了無愧於心的金錢，在家庭中贏得了彼此的信任和關愛，理解把時間花在工作上能夠賺取金錢，而花時間與家人共處能夠得到更多的關愛。金錢與愛都是他們生活中的不同籌碼，這兩者都具備同等重要性，於是他們所做的選擇決定了他們一生中的起起伏伏。你認為他們的處境如何呢？

在我們進入如謎一般的問題之前，讓我再與各位分享另一個故事，這個故事的背景與上一個故事截然不同。故事主人翁是個住在大豪宅的富翁，和漂亮的太太、很有出息的孩子住在一起。這個男人受過良好教育，舉止溫文爾雅。他在學生時期就非常出色，對父母帶有少許的叛逆，然而內心對父母還是很謙恭孝順的。每當遇到他生日時很難為他物色禮物，因為他是一個很難以禮物取悅的人。當他的孩子出世後，他就不再慶生，這對家中某些人來說真是如釋重負，因為幫他挑選禮物真是一大挑戰。不過他每年生日當天，還是會例行許一個願，而且是許下了同一個願，願我能夠有一天醒來之時，可以不再對任何東西感到匱乏。

這兩個故事都有一個共同點，只要夢想夠大，你就會有足夠的動機朝夢想邁進，充滿希望的想法往往都會使你蓄積足夠的動力驅動你前進。人生的目標是什麼呢？當我們看著生命中的驅動力、渴求、熱忱，和動機，可能就會問自己，這難道就是我們在這兒的原因嗎？當你一無所有，你就會把想法專注在某些食物，如第一個故事般驅動你往前。假如你已經擁有一切，就會如第二個故事般，開始想要無所求，或是想減少對事物的執著。我們到這裡都是為了找尋我們想要和需要的，來滿足我們的執著。

我們「黏膩」的程度多深，對於我們想要和需要的慾望就越強烈。我們的「黏膩」程度越低，執著也就越少，為自己製造煩惱的機會也相對變少，我們都在為某些東西尋尋覓覓。當我們最終獲得一切時，我們或有可能想要找尋「空無」，抑或是「別無所求」。

擁有只是假象

「擁有」這一概念意味著你並未擁有其他東西。當你擁有一間公寓，擁有這間公寓的意識，其實來自一個更強烈的「你並未擁有其他間公寓」的意識。當你擁有一輛轎車，你對「擁有轎車」的感覺是來自其他轎車並非歸你所有。讓我們花一分鐘遐想你擁有一棟大樓，這意味著你有足夠的財富擁有它，而假設你把大樓賣了，就可賺取大筆大筆的鈔票。再讓你遐想擁有一整條街道的房屋，然後夢想你擁有一整個城市，你現在很富有了吧？再夢想你擁有一整個地球，地球上所有一切都是你的，這也即是說你一無所有。你「擁有」的感覺不復存在，因為你已經沒得比較，因為「擁有」只是一個相對的概念，並非絕對值！這就是我們對自己創造的另類幻覺。

我們一無所有來到這個世間，也一無所有撒手人寰。當我們從自己的幻夢中覺醒，我們就會從自己的「黏膩」中解脫，並希望我們不至於太晚了解到此生的目的，是我們可以圓滿我們的目標。

我們難道是到這兒來呼吸、吃飯、睡覺的嗎？或許吧！呼吸、吃和睡不過是最基本的目標，而且我們或許就是注定要呼吸、進食和睡覺的。當你吃了豬肉，那麼豬難道就注定得成為你的食物？如果是這樣，那麼我們是否可以說，豬的一生就是為了呼吸、進食，然後成為你的食物？那麼晚餐盤中花椰菜的命運又作何解釋？同理，其功能難道就是長大給你吃的？當人們禪修，他們在那兒除了呼吸之外什麼也不做，或許禪修就該是如此，或許不是。

人生的目的難道就是死亡？死亡給予生命一個意義，就如「擁有」給擁有者一個真實的感覺。假設人生的目標就是死亡，或是滅去，那麼這當中我們都做了什麼？我們知曉生命極終的目標，但是我們是否知道我們應該採取那條途徑？我們該如何過生活？我們該如何善用所給予我們的時間？我們都知道這些問題的答案，而當我們對事物起執著時，卻不願意承認自己的執著。

當我們在旅途中尋覓自己的道路，我們放任自我成為了主人，模糊了自己的判斷。我們放任腦袋瓜胡亂疑情，任由擺布，對其建議言聽計從。我們任由自己的情感如脫韁的野馬般狂奔，任由事情在我們眼前發生，卻不讓自己在那種情境中有所作用。我們不自覺地附應著大腦的指令，成了自己思想的奴隸，忘卻了自己才是真正的主人。在我們內心深處，躺著我們尚未被外在世界污染的靈性，跟隨心的方向，讓它在旅途中牽引著你。

看著嬰兒的雙眸，你就會感受到他內在的純淨。當小寶寶閃出那份無染的靈性之光之時，請學著好好觀察。我們也曾經歷小嬰兒的階段，內在還有餘留的純真。我們若想淨化，可以透過禪修和仔細觀察自己。如果你的大腦嘗試與你角力，那便遷就它發出的聲音，看看你的腦袋能夠與沉默抗衡多久。仔細地關注你每一個動作，與其用語言文字來描述感覺，不如學習好好感受。當你感覺悲傷，儘量不要用言語去描述你的悲傷，感覺眼淚往臉龐滑下的感受，感受心臟跳動軟化的感覺。

大腦或有可能與你玩遊戲，但是心永遠都會告訴你真相。思想或有可能是我們創造出來的幻想，或有可能是我們的我執。

當你感覺悲傷時，你的大腦或許會違背自己的初衷，看著大腦對你傳遞的訊息，但是不需要與它對抗。不予以對抗，你就不會太在意，也不會付出過剩的力氣。

它最終就會失去動力，然後在你不經意的時候漸漸消失。當我們不再那麼主觀，逐漸變得更為客觀，我們就有機會了知我們存在的意義。

但願我們來到這個世界時，能夠不忘初衷，我們或許已經遺忘我們曾有某些與生俱來的特長。當你找到自己的道路，你只是單純地走在道上，無須顧慮自己到底需要或想要什麼，在「無我」的情況下感覺其存在意義。你將成為一個無私者，感受到自己就是當下境況的一份子。雖然不去主宰事情的發展，卻願意擔當。

我們的旅程始於誕生、滅於死亡。有些人相信死亡其實是下一季生命歷程的開示，生與死之間可以單純是另一種能量的轉換。某些人相信當我們死亡時，就如我們擺脫了舊有的軀體，而我們的靈魂將找尋下一世的人生。無論如何，當時間一到，我們必然會自己去體驗這一切。在這一刻，讓我們好好體驗人生，盡最大的可能去找尋這一季生命的意義。

我十五歲時，感覺到自己在這世上很渺小，但聽到一位圖書管理員很睿知的聲音。他是一位紳士，我有時候會向他討教，而他總會給我一些思考的議題。有一次，我感到極度困擾，以致差點輕生。無論在學校或日常生活中，都讓我感到自己的愚蠢。我感覺到如果我消失了，或許就不會在這世上引發什麼波瀾。他安撫我，讓我知道假如我消失了，那才會不斷製造波瀾，這個小小的波瀾將產生蝴蝶效應。

他告訴我，我並不愚蠢，我能找尋答案的方法和知識。我懂得這些文字，只是還沒有能力將其轉為語序正確的睿智名言，我具備組成文字和溝通語的板塊，而我所需要的，就是學習和找尋事物的真正智慧。知識只是簡單的工具，而智慧讓我們正確使用這工具。暫且略過文字和事實，去感受你周遭發生的事情之意義，知識和智慧就在你的身邊。客觀找尋，你就能夠找到你人生使命的答案。

人生只是一連串的誤解？

我們的人生目的是什麼？某些人相信我們到這世上，是為了解開前輩子的結。在解結的過程中，我們可能在不經意中又結下了新結。在我們了知真正的人生目標之前，總會以不同角度和詮釋去看待事情，而最後可能造就了某些誤解。只要有了誤解，就可能與當下的人、物，或情節結下不解之結。我們的誤解可能來自過去的經驗、感覺、既定印象，或是我執，同一樁事項可能遭曲解或是誤解。讓我們來看看一個例子，並讓我盡可能客觀來描述這個情況。

桌上擺著一個紙杯，這個白色紙杯的一面有些圖，盛滿了半杯水，這個杯子周圍水跡斑斑。當我們看到這樣的描述，腦海中便開始造作出一個景象。我們以過去的經驗來告訴自己某些意思，我們當下的感受和我執，也參與並組成了種種想法。對於以上例子，或許有種種不同的詮釋。

有人說：「這輩子應該原本是滿的，只因某些濺潑到桌子上，所以才呈現半滿。」另一個的詮釋是：「這杯水應該是一個小朋友的，因為小朋友有時候會不小心把水濺出來。」另一位想的是：「這紙杯可能破了，所以水才會流出來。」其實看待同一事件的面向有許多，而如果把「你」強加在這樁事件上，那麼結論就可能更多了。

假設這杯水是倒給你喝的。一位可能會說：「噢，半滿的。可能被其他人喝過了。我才不喝呢！」另一位可能會說：「你怎麼可以用紙杯倒水給我喝啊？而且水不夠冷，拿走吧！」或許另一位說：「太感謝了，我真是好渴喔！我會把這杯水和桌子上的水都喝完。」

我們聽到這些話語時，切莫以對錯的標準來看待。既然我們的標準也來自自己的經驗、感受、思想和我執，論斷就會偏向主觀，並可能導致另一種誤解。讓我們不以對、錯來看待這個事件，單純地以實相來看待。既然多數人都不太關注自己的行為，一般只是基於自己的習性或當下的感受。當我們客觀觀察，就能夠更清楚看到他人的行為模式。我們將不會為了這些毫無意義的言語，而捲入無盡的辯論。我們到這兒，是為了履行我們的使命，而不是虛耗不必要的力量糾纏在漩渦裡。但我們看見憤怒的人，會試著處理他們的怒氣，而不是把精力浪費在辯論那些充滿怒氣的言語。

要這麼做其實不容易，因為我們往往都受制於他人的感受，感染其磁波；如果我們自己的磁場不夠強而有力，他們憤怒的磁場就會入侵我們的場域，我們就開始感受到他們的怒火。我們必須學著客觀，對任何處境保持中立，開始建立自己客觀的磁波。一旦我們慣用中性言論和行為時，我們就可以用這個特質來處理許多的誤解。

寬恕是解決誤解的最佳途徑。寬恕之後，你仍然可以嘗試釐清誤會，而且寬恕他人與寬恕自己是一樣重要的，不求回報的幫助別人將提升自己的靈性。我們有時候並不喜歡幫助人，有時候對於幫助他人有諸多挑剔，而有時候則毫無條件地幫助他人。無論是哪種情況，我們都提供了對他人的協助，同時也對靈性的提升得到回饋。每一次幫助他人，我們就得到他人的理解。當對方感謝我們的幫助時，我們也得同時感謝他們給我們機會予以幫助。

人生的目標或許就是繼續我們生物鏈的傳承，我們到此，就是為了將我們的基因傳承到下一代。此外，我們也是為了將我們的經驗傳承給下一代。

生存並非我們生而為人的主要目的。我們的目的並非為了生存、呼吸、飲食、生活、賺錢、存在，生存只是我們存在的一部分。我們的目標之一包括生存，但是我們每一個人都擁有更大的目標。生而為人，必有其存在的目的。這或有可能是教導、聆聽、幫助，或是服務他人。存在的意義萬萬千千，有待我們自己去掘發自己的意義。

語言是我們用於和內在自我與外在世界溝通的最大創舉之一。文字來自思想，而思想造就了感受的能量。用隱喻來溝通是一個極好的方法，因為以另類模式表達了個人的經驗。我們一生當中、日常生活中無不充滿了隱喻，我們以自己的經驗互相交流，而有時候也會用隱喻和小故事來分享我們的經驗。我們對於所發生的事情往往都無法理解，直到我們發現了其背後的意義。

例如極為冗長的鑄劍過程。鑄劍的人把鐵燒至高溫，然後又瞬間令其冷卻。接著他不斷地敲打著鋼鐵，直到其變成一片薄片，再折疊繼續進行敲打。這種周而復始的過程，能夠讓劍變得強韌、靈活又鋒利。

鑄劍的過程，可比喻為人的一生。當我們一出生，便立即受到了各種考驗，而這些考驗便是讓我們變得更加強壯堅韌的方法。這些挑戰有時候讓人很難理解、沒有必要。如果我們接受挑戰，從錯誤和經驗中學習，就有機會看到這些挑戰背後的真正意義，學習到讓高溫鋼鐵在瞬間冷卻的目的，感受人生的艱苦和甜蜜的時刻。

我們一生當中，總有期待願望成真的時候。假如我們有能力讓他人的願望成真那又如何？我們是否願意完成他們的心願？有些心願很小，不需要太多工夫即會實現。我們有讓事情發生的願力，如果你仔細聆聽，就不難發現每天到處都充滿了小小的心願。譬如有個家庭正處在水深火熱當中，這種緊繃關係或許是因為工作，或是家庭成員所造成。此中，你或許看到希求解除壓力的心願。透過計劃家庭旅行、家族聚會，或只是單純地到外面走走，對於解除這種壓力或有幫助。

假如你就是圓滿他人願望者，見到願望達成就是一件令人鼓舞的事情。需要幫助的人比比皆是，但我們也需要自助。切記要先衡量自己的能力，假設自己有足夠的能力去達成他人的願望，那麼就去做吧！然後好好感受助人的快樂。在人生中，施與受向來都是平衡的，你施得越多，得到的必然也相對增多。

如何解救溺水的馬

如何解救一匹溺水的馬？仔細評估自己的實力是非常重要的。為了解救他人，你得先具備自救的實力和自救過的事實。這或許看似很自私，但是犧牲自己去解救他人實則更加自私。評估自己的能力，是否已經準備好自救？是否已經準備好救贖他人？是否已經準備好犧牲自我去拯救他人？是否有足夠的智慧拯救他人？

當一匹馬在河中溺水，我該如何拯救牠？我是否會直接跳進河裡，不顧被馬匹踹傷而遭溺斃？生而為人的我該如何是好？我是否該在河邊無助地祈禱？我是否會見到自己溺水，然後承諾自己學習如何游泳以便先行挽救自己？我們腦海中的念頭可能千頭萬緒。

讓我們現換一個場景：假設一隻松鼠在一個一尺深的池塘溺水，我該怎麼救牠？現在這個問題就變得簡單許多，我能夠在自己能力所及的範圍內想出好多解套的方法。我可能單是用一隻手就把牠從水中撈起，或是拿一根樹枝給牠抓牢。我有力氣和能力幫助牠，而現在的問題只剩下「我是否要救牠？」這只是我們每天都會面對的一種隱喻。馬匹象徵重要顯著的事項，既困難又棘手，而松鼠就如日常的瑣事，我們平時都不太關注。

如果我們選擇拯救溺水的松鼠，這說明了我們扮演好我們生存於世的角色。當我們看到溺水的馬，我們沒有將之拯救的能力，但是我們是否有勇氣接受事實？我們可以教導溺水的馬匹游向彼岸，希望牠能夠辦到，假設牠做不到則為牠祈禱。

我們是否能夠自顧自的生活，任由事情的發生然後向命運低頭？我們扮演好自己在這種情況下的角色，對結果不予以任何評價，我們是否已經準備好接受一切的後果？請多留意，要認知一切景象無不是在對自己揭示內在的自我，學習了知我們生存的目的。

第五章

活在未來的願望

我希望與你分享一個令我感受越來越強烈的觀念，那就是「非線性願望」的概念。一個願望多數會是這樣的，我許了一個心願，然後期待未來哪天願望會實現。當我們關注的是一個缺憾，那麼我們有時候就會期待這個缺憾能夠得到滿足。最近，我對自己所擁有的越來越感恩，感恩我所擁有的一切，即便是微不足道的，我都有所感受。感恩我所擁有的，然後珍惜我所有，讓我覺得活在心願之中，而這個心願其實是未來我所許下的，我有反向的感受。**我感受到當下達成了心願，而這個願望其實是未來的我所發下的心願**。

我覺得很難解釋，或許我可以舉一個例子。切記世間一切無不在變化之中，一切都在變化和轉變，而我們現在所擁有的也可能在任何時刻都在改變。珍惜一切，因為一切都在變化，包括我們自己。

當我還健康，有能力從事生活瑣事，例如在沙灘行走，或是公園跑步時，我感受到我當下正在經歷這一個願望的實現。我感受到在未來的某個時間點，當我老去，健康不再那麼好，行動不夠便利，我可能會希望我擁有健康，能夠到處自由活動。當我珍惜著「還能走動」時，就經歷了一種非常美好的願望實現的覺受。這是一個最簡單的「非線性願望」，我希望截至這一刻，你能夠明白我要表達的。

現在，當我會見某人，做了某事，或是私自獨處，我感受到我真真實實的做了選擇，而部分的我感受到我正活在我的心願之中。珍惜每一刻，因為這個世上一切都在改變中。

我們到這世界，需要財富，這有可能是貨幣、地位、權利，或是其他可以衡量的價值，這些有價值的東西到處都是。我們活在這個世上，就有可能以之作為貧富的衡量標準。我們撒手人寰時又不可能將之一併帶走，那麼我們到底是在累積什麼呢？我們無時無刻帶著的財富，例如自我價值、慈悲、愛，又或者是我們的自由意志。我們如何評估自己的自我價值到底是多少？自我價值有時候得透過外在世界加以論斷，這往往與我們的內在價值取得平衡。

一個成功的商人對於做生意這回事可能很擅長，但與自己家人的相處親密度上則比較匱乏。一個領導者往往都是孤獨的，因為沒有賴以指路的前人。這些所謂的好與壞，通常都會互相抵消，而我們常常無視於壞的存在，因為不想承認它的存在。**「邪惡之所以能夠存在的訣竅，就是說服這個世界它並不存在。」**這是我曾經在某部電影所看到的名言。

這世上的正與負，總會在這個生態系統、物種中，找到他的平衡點。我們將之稱為和諧、和平、自足、平衡，或是任何能夠讓你達成精神上、心態上、純物理狀態的名詞。既然世上多數情況都是相對的，非絕對的，你所感覺的感受與其他感受也是相對的。你覺得快樂，因為你並不傷心。你感覺富裕，因為你並不貧窮。這些都是比較出來的，是相對的。最終點時，你需要在自己身上找到和諧與和平。當你感到快樂和富裕時，是否也找到了和諧與平和？那麼當你傷心或是貧窮時呢？你是否常常在當下感覺和諧與平和？正、負兩種能量無時無刻都存在我們周遭，我們如何取得平衡，如何讓其在我們自身取得中立就看我們自己了。

神向自己祈禱

一個忠誠的信徒每天對著神禱告，祈禱神能夠在他困苦的情境中救贖他。他不斷地祈禱，但是神卻不曾對他施出援手。這個人逐漸對神失去信心，所以認為應該有一個比神更高的神祇能夠幫助他。有一天，當他即將對神失去信心之際，神回應了他的祈禱。神站在他面前問他：「你可以提出一個請求，是什麼問題呢？」這個男人一點也不驚訝，因為他一直都在等待著神的出現。

「萬能的神啊！請把我從窘困中解救出來吧！我一直都是那麼忠誠，但是你一直都沒來幫助喔！我開始懷疑你是否永遠不會出現，所以我正懷疑是否會有一個更高層次的神來幫助我。」男人說話的同時，也失去了信心。他問：「神啊！你是否也祈禱啊？」神回答說：「那當然啊！」男人好奇地問：「那你向誰祈禱啊？」神回答：「與你一樣也向神祈禱。」男人很迷惑：「啊！向你自己祈禱？」

神說：「等人救贖不如自救啊！」神繼續說：「當我需要幫助時，也向自己祈禱。」

神救自救者，救度來自你自己。當我們向他人或是神祇求助時，我們必須問問自己：「我們是否已經盡力自助了？」當我們向神祈求時，實際上是向我們內心的神祈求。但我們相信神，那麼神就無所不在。

耶穌曾清楚地在《聖經》上說過：「把木頭劈開，我就在裡面。將石頭扳開，你就會從中發現我。」在佛教的觀念，我們每個人都本具佛性。我們本來就是光的一部份，是否允許我們自己發光就看自己了。自助非常重要，因為如果連你自己都不自救，那麼還有誰能夠幫助你呢？

世界是連在一起的，你與他人的聯繫有多強呢？如果你是家長，那麼你和子女之間的聯繫強嗎？你和所愛的人聯繫有多強？你是否相信心心相印？當一位陌生人在場時，你可曾有過正面或是負面的感覺？人與人之間都互為因緣，有時候，我們很難去解釋對某些人或是某些地方的感受。當我們初到某些地方，或初見某人時，或許有似曾相識的感受，這種親臨其境或是曾經相知的感受，或許與我們前世的經歷或是因緣有關，讓我們來探索一下這些有趣的聯繫。

父母和嬰兒的聯繫可能是五感上的接觸，例如視覺、聲音和肢體的接觸。如果父母看不見嬰兒，聯繫就中斷。這種中斷大概不會發生在熟悉的地方，例如家中，但如果事發生在一個新地方，這種聯繫或有可能中斷。

例如父母在一個購物商圈，把嬰兒安置在推車內。當他們逛著商圈，聯繫或有可能是與嬰兒身體的接觸，或是與推車的接觸，或是嬰兒啞啞聲的接觸，甚至是簡單的眼神接觸。當父母看到其他有趣的東西，視覺遭切斷，他們之間沒了視覺的接觸。當娃娃睡著時，聲音的接觸也終止了，因為沒了寶寶牙牙學語的聲音。這時父母與嬰兒之間的聯繫可能只剩下了肢體的接觸。假使父母失去了對嬰兒的觸覺，那麼聯繫就會中斷。他們要如何重新聯繫？父母可能得重新建立聲音的接觸，嘗試開始喊叫，希望寶寶聽到後有所反應，父母也有可能以視覺和觸覺的方式來找尋嬰兒。如你可見的，嬰兒和父母之間的聯繫可能是很脆弱的。視覺、聲音和觸覺，都是肢體上的，在多種情況下都有可能丟失。

我們彼此都互為因緣，這不僅是人與人之間而已，而是整個世界都是如此，我們與世界的聯繫可以在我們日常生活中所見。有時候，我們將這種對物質或是精神層面的需要或想要，稱之為「執著」或「黏膩」。嬰兒與父母之間的聯繫是很強烈的，因為嬰兒得仰賴父母而生存。但是他們之間的聯繫有時是如此的脆弱，因為軀體接觸的侷限。視覺沒了光線就看不見，軀體的接觸必須是很近距離。聲音必須在無雜音時才能夠清楚辨識，這些實質的接觸都與周遭的環境有很大的關係。

既然無一物能夠在這世上獨自運作，那麼我們就毫無掌控可言。視覺需要光線，聲音需要沉寂，我們只能任由世界擺布。我們看到有人嘗試以不同的設備和科技，來強化與嬰兒之間的聯繫。人們將警報裝置綁在嬰兒身上，只要距離太遠，裝置就會發出聲音。裝置或有可能發出亮光讓父母看得見，裝置或有可能因距離越來越遠而發出震動。請不要以對和錯來作價值評斷，單純將之視為我們生活的方式。

我們可以在精神上相互聯繫的。我思故我在，這是一個很棒的哲學。一個念頭可能是對世間一個強而有力的執著。你可以單用一個念頭就將這種聯繫摧斷。例如，當你聽到朋友在醫院生了一個嬰兒，你的腦海裡馬上出現了你的朋友和一個嬰兒的影像。幾年後，你聽到朋友的孩子去了幼兒園，你的腦海又感受到看到這小孩子去了幼兒園。你是否親眼看到這個孩子去了幼兒園？不，但是你相信自己的精神影像。這些精神影像有足夠說服你的力量。假設有一天，你和朋友相遇，然後發現這個朋友根本沒生孩子？那麼你與這個孩子的聯繫又會有多強烈？

讓我再舉一個更生動的例子。如果你聽聞朋友在意外中死亡，你可能開始感到很悲傷。你的思維自動轉換成悲傷模式。你開始感受到失去朋友，你的生命開始接受這個事實，這個念頭可以斷絕你和朋友之間的聯繫。如果有一天你看到朋友就走在街上，這個朋友並沒有死？這個活生生的證據足以粉碎你之前的念頭，你和朋友之間的聯繫又重新接續起來。

我們每天都在經歷這些在沒有證據的情況下，將之視為事實的虛幻想法。我們相信新聞所報導的，雖然我們沒有證據證實事情的真偽。我們因電影而得到娛樂，雖然我們知道絕大多數的電影都屬虛構。我們在看電影的當兒，放任自己的情緒失控，與演員同哭同笑，任由自己的情緒隨電影起舞。**我們對神禱告，雖然我們絕大多數人不曾見過神的樣子。我們感覺到祂的存在，相信祂的存在。我們對耶穌信心滿滿，也相信我們自己本具佛性。**

我們在身心靈的層面都是緊緊相連著的。當我們看到他人打哈欠，自己也打哈欠。當我們聽著他人的故事，我們也隨著故事人物的起伏而起伏。我們偶爾對某人、某事、某處也有第六感。當我們與他人互動，就與他人交換能量，感受到與他人的聯繫。例如當我們感覺悲傷，我們就想要與朋友或家人分享這個悲傷的故事。我們分享了故事之後，心情總會舒坦許多，而聽我們分享故事的人，或許什麼都不需要說。他們只要靜靜的聆聽，我們就會感到舒服許多。

為什麼呢？我們其實都在釋放自己靈性的力量，這種力量的釋放，只需要透過一個念頭、一個感受，或是一個行為。我們與人互動，對他們釋放我們的能量，他們也對我們釋放能量。我們往往都可以感受得到，但是很難以言喻。你可以將之稱為靈性的能量、精神的能量、心理上的能量、身理上的能量。有些人將之稱為磁場，與前世的聯繫，或是其他的名稱。我自己習慣以能量稱之。**聯繫著我們的，就是能量。當我們與人互動時，就會釋放出正面或是負面的能量。**

這就是為什麼當我們談悲傷故事時，可以感受到他人所釋放的正面能量。分享了傷心故事之後，聽者一般會釋放出慈愛，或是關懷的能量，我們吸收了這股能量之後，感受就會緩和許多。人們傾向在聽了悲傷的故事時，表達他們的慈愛和關心。

當然，我們必須在意我們分享的對象到底是誰，因為不同聆聽者所釋放出來的能量有所不同。你所謂的「悲傷故事」在別人聽來未必真有那麼悲慘。他們或有可能釋放出妒忌、抱怨，或是其他負面能量。他們可能誤解你的故事，這就是為什麼我們必須和了解我們的人分享自己的故事。

物質即精神!?

正如我們的身體需要食物、水分、休息，偶爾需要重新修復和成長，我們的心靈也需要啟迪、引導和聯繫。這個世界、地球不斷變化，日月星辰也不斷在改變中。你可以實際的看到，像是無線電波、日出或是日落。你也可以感覺能量的變化、磁場的變化，而某些人甚至能順應這些能量，敏感地感受它的存在。有些人則抗拒這些能量，而有些人則可能受其干擾。

我年輕時比較關注生理的感受，而忽略精神領域。當我說生理，我指的是眼、耳、鼻、舌、身、意。我見到和感受到我周遭一切，並受到周遭物質世界的能量所影響。當我見到好的，即會有所反應，當我見到不好時，也會對其起反應。這就像是一個方程式，好的就等於善的。假如你身邊有好事發生就會有良好的感受，假如你身邊有不好的事情發生，你當然就不好受。我是一點兒也沒輒，從無例外！我就有如一個浮標般，隨時受感官的浪濤推動而漂流。

我從物質世界過渡到精神領域，是一個頗耐人尋味的過程。我開始見證事物的真實面，嘗試不以好壞來做論斷。我執仍然存在，但是已從背景漸漸淡化，而真我就慢慢地顯現。我開始理解到事出必有因。當我了知在這世上發生的一切事物，我了知一切體驗即非對立也非絕對。我感覺我並不需要將事件，視為更好或是更壞。事情總是自然然發生，某些事情發生在你身上，並不代表一定會或是應該會發生在別人身上。當我開始不再把事情視為對立或是絕對，我便開始趨向精神領域。

精神感官是另一種存在的狀態，既沒有好壞、對錯，也沒有較善較惡。精神感官的價值與我對物質世界的評價不同，因為其「衡量價值」與物質世界有所不同。切記這種衡量價值的轉換可能對你有所影響，但是你對於這種轉換千萬不要感到太悲觀。其實你應該感到非常樂觀，而且應該覺得自己有所作用，對你周遭的物質世界有所幫助。很多人在開始時比較悲觀，這也無妨。你只要記得當你感覺悲觀，即意味著你正朝著內在精神狀態邁進。你正在經歷放下物質界的我執。好好珍惜這種精神狀態的提升，並好好珍惜這正等待著你的嶄新覺受。

隨著精神領域的觸角逐漸成長，我感覺到我的我執也逐漸放下執著。我感覺到當中的差異。我曾在人生某階段感覺自己是無用、無助的，甚至差點走上絕路。這是由於我執在腦海在作祟，我的我執還沒有準備好放下。即便是有這樣的感覺也無須驚慌。你只要凝視著它，然後做出妥協，千萬別與它爭執不休浪費力氣，觀察自我的行為模式和思緒。這個自我許久以來都是自我掌控的假象，只不過是嘗試想要奪回掌控的習性。

我們必須超越這個現象，往精神世界邁進。我隱約感受到了精神世界，我幾乎察覺到我之所以存在的理由。「我存在於世的目的是什麼？我是否正走在正確的實存軌道？」我開始自問，並感覺到自己有救了。我從一個完全無可救藥的生活，過度到一個嶄新的生活，體會一種活著存在的真實感。

我仍然在工作、吃飯、睡覺，料理日常瑣事，以及日常生活所需，但是我覺得活得很有目標。這個目標與以往有所差異。在完成一樁事件後，我感覺到與事件是息息相關，而不是在事件上取得了勝利。我感覺到自己就是事件的一部分，而不是我完成了這樁事件。「我」這個字逐漸消散，而「屬於這部分」的觀念逐漸抬頭，我感覺到能夠成為某件事情或是任務是幸運的。於我，日常生活中不起眼的事情變成了特別的事件。我是事件的一份子，但我對之毫無掌控之力，我感覺棒極了。我毫無掌控，但是我知道自己的角色是什麼。我無力掌控局勢的結果，但是我會盡力演好我的角色。

一天結束時，當我躺在床上，我常自問：「我是否完成了我該存在的目的？我是否放下掌控慾，接受情況的結果？」對多數人來說，「放下掌控慾，接受事情的一切結果。」是一種消極的行為。有些人說：「假如我放下，那麼我將什麼也做不了。」切記，如果你什麼也不做，其實你就正在做一件事，而這件事情就是「什麼也不做」，不做其實就是你正在做的事。當你聽不見聲音，其實你正在聆聽寂靜。換句話說，當你不言語，你實際上是在說寂靜。這並非繞口令，而是單純地觀看事情的真實面，說出真相。

當我體悟到這一點，我同時了解到，事實上我每天做得最多的就是無所事事。這裡的「無所事事」是指，並沒有把價值加諸於世俗世界。我有可能坐在公園看著小鳥在啁啾，躺在草地上看著天空的雲朵，閉上眼睛呼吸著周遭的空氣。這些，都是我們在世俗世界定義為無價值的東西。但是在精神領域上，可能價值非凡，並且很有意義。無論你遇到多麼艱難的情況，生命都充滿感恩，生命在每一個當下都受到珍惜。放下和迎接意想不到的事情，讓生命更加好過，生命在許多情況下都是寬恕的。

用精神與另一個生命體進行接觸是很重要的，精神自我和物質自我在作拉鋸戰就是一種平衡。例如，當你看到一個嬰兒，你就開始與娃娃溝通。你的聲調較高，用語也簡單，你的動作較大較戲劇性。你或許沒有意識到自己正在做這些動作，因為你對嬰兒周遭的聲音和影像已逐漸失焦。你全副精神都在嬰兒身上，與他緊緊連結，看著他的一舉一動，以及他每一個牙牙學語。你開始笑著，感覺到與他相處的快樂，你正在連結和分享你快樂的泉源，並感受到他的存在。

這時，某些事情可能會發生，並打斷這種精神上的結合。周遭環境可能以影像、聲音、味道、感覺，或是念頭的方式出現。你意識到自己是在購物商場看到這個嬰兒，並不認識他的父母。你覺得這樣的舉動不太合宜，而且意識到自己的會議即將遲到。你的我執再次贏得掌控，然後你清清喉嚨向陌生人道歉，然後趕路。你依然可以感受到與嬰兒互動殘留的喜悅，但這種關係無法持久。

你從夢中醒來的感受也是雷同，你意識到自己在作夢，而夢中的感受很難在清醒狀態持續。根據你的我執，你的精神狀態一直都遭到我執的牽扯，而我們將之稱為「真實的物質世界」。精神世界的價值與自我價值是不同的。我們必須了解到物質世界也嘗試著與精神世界作聯繫。一個五元的玩具價值五元，但是對一個小孩而言，遠遠超過這五元的價值。這個玩具給予小孩歡笑、陪伴和回憶。對我們而言，看著孩子玩玩具時的微笑很可能是無價的。

在某種意義上，物質即是精神，而我們可以用精神世界來與物質世界聯繫，但不是自我物質的方式來聯繫。你可曾聽著一首歌，然後重溫你青少年時的那種感受？你是否看著閣樓上的老舊玩具，然後感受到曾經與它為伴的情懷？我們都與物質有精神上的接觸。那個舊玩具也不過是另一個舊玩具，你可以買到一個完全一樣的，但你很清楚與你原來的那個不一樣。你與店面的嶄新玩具沒有精神上的關係，但是你與閣樓上那個舊玩具有精神上的牽連。

靜態與動態之間

你與生命中人事物的聯繫如何呢？聯繫到底意味著什麼呢？聯繫的方式有許多種。與自己、他人和情緒的聯繫，只不過是生命中眾多聯繫的例子。普遍的說，你的聯繫越多，你的精神領域越多。聯繫通常有兩種形態：靜態和動態。

假如你與一個東西聯繫，你就會經歷一個靜態的聯繫。這些東西可能有你需要的性能，例如你每天穿去上班或上學的衣物、吃的食物、睡覺的床、書寫的筆、用的乳液，都是你生活中有作用的物件。當你與這些物件在一起時，就會有一種特別的聯繫。

你是否感覺睡在旅館的床，與睡在自家床上有所不同？有些人不喜歡用公共廁所，因為他們會有不自在的感覺。承認吧！我們與這些物件是有關連的。我們與這些物件共處時，並沒有感受到固態的聯繫，但是當你離開時，這種感受就會浮現。

我在一所房子居住多年，正當我準備好遷徙到一所新房子時，這些連繫開始浮現。當我向舊房子揮別時，即便知道新主人即將入住此地，但心中還是隱隱約約感受到與此舊房子的聯繫。我可以感受到自己居住在這裡時的一切人生起伏，但最有趣的是，我所感受的，卻是最「普通」的事物。我會懷念在餐廳用餐的情景、電視節目、沙發上看書，賴在被窩裡睡覺，這種感覺五味雜陳、悲喜交加。喜的是我過去在這裡的種種回憶，悲的是房子即將成為他人的產物。

當我來到新房子時，我珍惜之間的聯繫，包括房內所有的一切，正如我和新屋的一切正建立起一種關係。我感恩讓我坐著的椅子、讓我安穩就寢的臥床，感恩窗戶為我抵檔寒冷的天氣，感恩屋瓦存在適當的位置。我向這些物件致謝，很奇怪嗎？我擁抱牆壁和親吻門把的時候，才不理會別人覺得奇怪不奇怪。我感受到這種聯繫，並希望這些聯繫能夠在我能力所及之時，繼續維持著。

我們周遭盡是穩定的聯繫，只不過因為我們都將之視為理所當然，所以很難發現他們的存在。動態的聯繫較為容易看見，我們可從不同的人物和事件發現這些聯繫。這些聯繫都是動態的，因為這些和我們聯繫的事物一直都處在變化之中。我們比較能夠察覺到它們的存在，因為我們與這些事物一直都處在短暫聯繫與分離的狀態，最強而有力的動態聯繫是與自己的聯繫。

並不是每個人都會和自己的心靈作聯繫，但絕大多數的人，透過身體的感受，都和自己的身體有所聯繫。我們以喜悅、恐懼、歡笑、痛苦、期待、懊悔等情緒，和自己的身體作聯繫，我們可以隨著情緒的起伏而感受到身體上的變化。我們也會感受到腸胃的蠕動、心跳和呼吸的加速，受到臉頰的紅暈。我們與自己的聯繫越是強烈，就越是能夠清楚地在自己經歷這些情緒的當下覺醒。

例如，當你割傷手指時，你會感覺疼痛，你幾乎會反射性地把手指包紮好以防止流血，你對自己的聯繫是很強烈的。你知道自己受傷，知道必須自助。雖然你的急救技巧不佳，但是會儘可能保護手指，沒有特別理由，只是一種單純的反射動作。比如說你的好友傷到手指，你看著鮮血流出，你知道他疼痛。你知道他的感受，但是並不那麼強烈。你與摯友之間的聯繫絕對不如與自己的聯繫。假設你看到報紙報導有人傷到手指，你對這個陌生人感覺遺憾，但是感受一點也不強烈，你與陌生人之間的聯繫是微弱的。對於不熟悉的事物，我們的精神聯繫就比較薄弱，於是沒有那麼關心。

聯繫是動態的，而在不同情況下，將會有不同的精神聯繫。譬如說你的摯友對你做了不可原諒的事情，你會對他極其惱怒。當他再次割傷手指，你是否還會像上次一樣感到心疼？你是否會感受到一種不同的聯繫？切記，這非關好壞或對錯。即使你與好友之間的關係大不如前，但是你們之間的聯繫還是存在的。或許你對他越來越憤怒，又或者看到他被割傷時心中很痛快，這或許只表示你與他之間的聯繫是更甚從前的，或許你的黑暗面已經開始。當你停止對他施予能量，你就會逐漸與他斷絕聯繫。

我們與他人的聯繫越多，與自己精神上的聯繫也越多，精神領域也越開發。佛教認為人人皆有佛性，一切眾生皆然！我們日常所做的一切並不會把我們從源頭斷開，因此我們必須學習從內在與自我聯繫，學習與精神源泉聯繫，學習與周遭環境聯繫。我們必須學習面對與他人的動態聯繫，珍惜這些我們可能視為理所當然的靜態聯繫。

生活中所發生的一切必有其因，無論好壞皆然。當災難來臨，或許是在警告我們已偏離正道。這或許是一個引導我們重返正途的機會。有時候，這種情況也有可能是在測試我們走在正道有多少韌力。不過很可悲，我們一般都沒有自己想像中來得有韌力。無法對自己的生活充滿百分百的信念，我們有時候甚至讓這些小挫折左右了我們該走的路。當我們受困於情緒的雲霧堆裡，即有可能失去生命的方向。當我們發現自己對真正的目的起疑，就代表我們開始失去信心，讓情緒操控自己。

當我們在心靈上起起伏伏，偶而會感覺到一股強烈的精神聯繫，但是偶爾又和這條道路斷了聯繫。人生道路中難免有許多干擾和挑戰，我們需要處在時時醒覺的狀態，需要讓這種情境打從內在顯現出來，需要了解生命的目標就是愛與喜。

第六章

要去做才是最重要的

當我處在窘困與動盪的時候，「感恩」一詞對我而言是非常重要的。我們多數人在面對困境或是負面能量時，心中難免會產生自責、內疚或懊悔。心情不佳時真的很難感恩，但是我們必須學習無時無刻活在感恩中。我們面對一切狀況，在事情完結時，心中一定充滿感恩。無論事情有多困難，事情總會過去的。我們最終都會很感恩。這或許發生在生命的終點，或許發生在一個時代或時間的結束，也可能是一天的終點。

當我們撐過了「窘困的局面」，我們還是繼續生活。我們往往在事情結束後才會感恩，那麼我們何不將之延伸到對整個事件的過程感恩？某些人覺得要對那些找你麻煩的人感恩很不可思議。假如你離婚後還能夠感恩嗎？如果有你牽掛的人去世了，你還能感恩嗎？如果我們已出生到這個苦難的娑婆，那麼就讓我們在整個生命旅程中都充滿感恩，喜悅地面對一切吧！

我想與你分享一個特殊的經驗。某天，我的朋友與我提起一個手工製的金色聖誕樹，她說假設我們能夠在店面擺設兩棵那樹應該很棒。她告訴我，她在哪一家店看過這樣的東西。因為店家離我們不遠，所以我決定到那兒去看看。當我一到時，看見擺設櫃的小聖誕樹，使店裡面的氛圍充滿聖誕節的氣息。我將聖誕樹拿起，結帳後將它帶回店裡。當我的朋友看到我把樹帶回店面，很是高興地向我道謝，我也感謝她的熱心。

最初，我覺得是「我自己」買了那兩棵樹，是「我」主導了事情的發生。我接著放下自我，感恩之心不禁油然而生。我難道是主導這一切的人嗎？我是否能夠不假他人，完全主導這一切的發生？我又放下多一點自我，然後就覺得對於將樹買下並帶回店裡這件事，我自己的角色微不足道。在整個過程中，我的作用其實很小。雖然「去購買」的這個舉動很重要，但是絕對不是關鍵的主導元素。

假如我的朋友沒有指引我到對的地方買樹，這整個事件就不會發生。如果我不到那家店，事情就不會發生，如果那家店缺貨，事情也不會發生。換句話說，這件事情要發生，取決於至少三個元素：朋友告訴我賣樹的地點，有一間這樣的店賣樹，店裡有足夠的樹供應。我很感恩朋友告訴我店家的所在地，感恩我能夠親自去參與買樹的事件，感恩店家有足夠的貨源在展示櫃。

感恩與原諒

由於在生活中體會感恩真是偉大，我開始充滿感恩，開始感謝那些製造聖誕樹的工人、把貨源輸送到店家的人，我很驚訝「沒有掌控」的感覺竟是如此殊勝。我很欣慰自己只是參與者，而不是整件事情的「結果」，我嘗試不時在內心回味這種感覺。

我們在生活中其實是一點都無法掌控，掌控只是一種我們自我創造出來的錯覺，我們不過是某件事情或事件的組成元素。只要我們竭盡所能去完成自己的部分，就會開始感謝那些圓滿其他部分的人。感恩心一生起，一切的對錯好壞都隨著消失，我們就會對任何情況感覺很美好。一定要客觀，切莫作主觀判斷。我們會在這個世上找到自己的定位，了知自己該扮演的角色。時候一到就會知道自己該做些什麼，任何情況都不是只有單一的解決方法。我們會完成我們的任務，然後放下，放下自我為我們所創造出來的苦惱。

我們和許多人一起出生、成長，並體驗世間一切，經驗都非常寶貴。我們學得更為婉轉，並隨著經驗豐富而充滿各種體會，我們繼續生長。隨著我們與周遭環境的互動，我們學會了軀體上和精神上與他人共存。我們對於這些展示在我們面前的經驗，可能持樂觀或悲觀態度，可以選擇面對或是逃避。

某些人對這種經驗予以忍耐，最後變得更為柔韌，而有些人則被經驗擊敗，最後變得更加怯懦。這些經驗有可能對應到我們的任何情緒，包括興奮、希望、悲傷、安寧、擔心，或是無奈。我們如何評價這樣的經驗都無所謂，而我們如何面對才是關鍵。我們是否從中學習，抑或總是重蹈覆轍？我們何以要重蹈覆轍？這難道是我們的習性嗎？還是我們上癮了？我們是否意識到我們有重蹈覆轍？

我們選擇如何面對情況是很重要的。我每面對一種情況，都將之視為一個學習經驗。要開始一段學習，我總抱著感恩。我感恩能夠到一家餐廳點菜，感恩服務生為我送飯菜，感恩為我烹煮的廚師，感恩能夠坐在餐桌前用餐，感恩設計師和建築工人讓這家餐廳落成。當你處在正面思維，就比較容易覺得感恩。然而，當你處在陌生感受，例如擔憂、焦慮、無助等負面情緒時，感恩之心較難生起。當然，我們還是得在體驗開始前、在體驗中、在體驗結束時找尋可以感恩的途徑。許多人在經驗結束、負面情緒消弭時才覺得感恩。這樣其實也不錯，不過更多時候，當經驗結束後，我們想要感恩的人事物或許已不存在，只能夠將一份感恩之情深埋心中。

如果我們夠幸運，我們會一再遇到想要感恩的人，可以當面致謝。我們當中，有多少人對自己的父母是不滿的？有多少人每天都對自己的父母表示感恩？又有多少人想要感恩自己父母之際，但是父母已然去世？我們必須學會感恩。事後才來感恩當然為時不晚，但是如果我們更加覺知，其實可以在經歷的過程中就表示感恩之情，最後甚至每一個當下都覺得感恩，甚至在事情還沒發生前也是如此。

愛的禁足

我以鼓勵和懲罰的方式教導自己的孩子。當他們做得好，我會以獎勵的方式鼓勵他們的行為，不過假如行為有偏差，我會懲罰他們，教導他們不可再犯。當我罰他們在房間思過，我可以感受到他們的傷心，我非常希望他們能夠來對我說：「爹地，很感謝你對我的教導。」我通常聽到的回應是：「我討厭你，因為你罰我！」這讓我想到我父親罰我時，我做了些什麼。

我受到禁足時也很氣憤，不明白父親為什麼要這樣對待我，我一點也不感恩。直到我十五歲那年，我又因為犯錯而受到父親的禁足。突然間，我意識到自己的境況，瞭解到自己如果自己繼續這麼廝混，遲早會與幫派搞上關係，很可能惹出彌天大禍。漸漸地，我理解到父親將我禁足的原因，從此不再用「懲罰」這個詞彙，而開始以「教導」我來看待這樣的事件。他的做法雖然不太專業，但那是他的方法。我開始看到父親為了我的付出，花了很多時間與我溝通，嘗試理解我。有一晚，他告訴我這世間的點點滴滴，我們交談至深夜，讓我更理解他的觀感。就在我生命的那一刻，我聽見了他心中的話語，聽到他其實是在教導我做人的道理。

從此，他的言語不再像是責備，這對我來說是一個嶄新的經驗。在這之前，當他責備我時，我聽到的就只是腦袋瓜裡的一堆藉口，他的話語我根本聽不進耳，而是嘗試想盡辦法來應付他，這對我而言就是一種生存鬥爭，我得不時找尋藉口來佐證我的不當行為。事實上，我需要做的就是單純聆聽他的講法。他每次懲罰我時，我都感到很氣憤不爽。他的話語在我耳畔不斷迴繞放大，直到將我栓得緊緊的。我一點也不感恩，因為那些聲音在我腦海中，唆使我不該感恩。我的怒火蒙蔽了我，蒙蔽了父親嘗試告訴我的真相，以及他對我的愛，其實他真正的意圖只是愛我。

我有生第一次，因為被禁足在房內而感到被愛與快樂，我接受了這樣的處罰。當我順應這樣的情況，腦海裡的聲音也一樣投降。我開始以更覺知的觀點看待事情，感覺腦海中的聲音不情願地將掌控權交還給我。我感覺到「我不再是故我」，我感覺到自己是第三者，從高處看著自己。當我不再受到情感和判斷蒙上陰影時，就可以把事情看得很透徹。我感覺棒極了！因為大部分時間，我都感到心滿意足。起起伏伏不再劇烈，會遲緩了你的感官，但是磨尖了你的覺性。這種新體悟稍縱即逝，因為自我很快得以抬頭。我腦海中的聲音再次遊說我，讓我陷入多年以來人天交戰的情結。我就這麼來回擺盪，徘徊在完全覺知的喜悅，和行屍走肉般的無明之中。

二十二歲之年，我向父親表達了我的感恩，這份虧欠已久的感恩，不過我還是很欣慰能夠感謝他。我不知道該如何表達，但是我愛他。

每一步都一樣重要

我最近看到了一則話語，而且還在嘗試理解其深意，你或許對之更有見地，就是甘地的話：「幾乎你所做的一切彷彿都無關緊要，但是你要去做，那才是最重要的。」生命或許就是一系列引領你達到里程碑的小步伐，在達到里程碑之時，每一個步伐都看似無關緊要，你或許在途中迷失了方向，不知道下一步與前一步有同等重要性，抵達里程碑的最後一步，與踏出的每一步都一樣重要。

我對自己內在狀況既好奇又認真，因此我對生命中的每一個步伐都充滿好奇，仔細觀察。我經常都想瞭解跨出的每一步會有什麼樣的結果，因此計畫露營車旅行對我而言是相當困難的。過去五年，我一直想計劃個家庭露營車旅行，但是最終都因為某些事情的耽擱無法成行。這些障礙有可能來自氣候、時間、工作、家庭瑣事等等，我總是希望把出遊的計畫弄得極其周詳，也喜歡讓整個行程極其完美。你或許可以把我看成個控制狂人，而這就是我執下的自我。

有一個夏天，我們終於成行，但離奇的是那次我並沒有耗費太多的時間去計畫。我們當時只是覺得時機對了，所以就成行。計劃限制了很多可能發生的事情，因為幾乎沒有計劃，所以我們沿途各自探索，度過了非常美好的旅程。旅程之所以寶貴，並不是我們去了什麼地方，我們享受家庭凝聚的溫馨多於沿路的美景。我喜歡晚餐的時光、清晨的散步、旅途中的歡聲笑語，以及漫漫長途的閒聊，我也享受著駛向目的地的歡樂時光。當我們抵達度假村，感覺上我們已經擁有了該有的樂趣，那個暑假之旅的確教會了我好些東西。**我必須學著享受在抵達里程碑之前的每一個小步伐，學習去接受意料不到的人生**。我生性好奇，那麼何不讓這份好奇心好好地探索和享受我的生命。

我很同意甘地所說的第一個部分，但是針對第二部分，我還處在探索階段。去完成生命中看似毫不起眼的事情怎麼會是重要的呢？或許我能夠將這些不起眼的瑣事變得重要，那麼我對生命就會有更不一樣的觀感。或許我可以從這些看似不起眼的瑣事學習到什麼道理？我同意我們都處在回到神身邊的旅途中，但我很難說服自己邁向終點的第一步和最後一步具有同等重要性。

假設我在途中停止跨步，不知道下一步就是神來接引我的關鍵，怎麼辦？我需要找尋驅策我不斷前進的動力，不斷找尋。是信仰、科學佐證、靈感、好奇心、愛還是慈悲？無論在什麼情況下，我們身邊總少不了，能夠啟迪我們、鼓勵我們邁向目標的人物，我感覺到一抹曙光在我旅途中指引著我。

我們經常聽到人們說過程比終點還重要，好好享受抵達終點之前的每一個過程。他們是對的，過程真的非常重要。定義和測試我們所下的每一個決策，以及我們途中的所有起起伏伏。與終點一樣重要，因為是互相依存的，我們需要經歷過程才抵達終點，也需要終點來鋪成我們的道路。

要去做才是最重要的

我們何以在此？我們之所以存在就靠自己去找尋和定義這一生的目標。你可曾想過沖進馬桶的紙巾最後的命運？你用紙巾來擦東西，然後將之沖走。有人就計算過，未被使用而沖到排水管的紙巾數量。事實上有有95％的紙巾是未經使用的！平均來說，我們只用了其中5％的面積來擦拭，那麼其他95％紙巾的作用是什麼呢？難道就只是為了衝向排水管嗎？假如不是，我是否能夠只用那5％的紙巾來擦拭？

當我拿起一張紙巾，我經常都對紙巾四個角落的用途感到疑惑？我用了中間的部分，那麼四個角落其實是閒置的，那麼何以存在？之所以存在，難道就是為了履行存在的目的？甘地的話語提醒了我：「幾乎你所做的一切都無關緊要，但是要去做才是最重要的。」四個角落的紙巾，與中間那一塊具有同等重要性，留在那裡是很重要的。

你是否思考過一隻鉛筆靠近尾端橡皮擦的那兩公分，最後的命運是什麼？它幾乎永遠都用不到！這是否意味著應該被丟棄？若不是用於書寫，是否還有其它的目的？如果最後兩公分的鉛筆之所以存在並非為了書寫，那麼包裹在裡面那段鉛的作用是什麼？或許它的作用就是附加在橡皮擦的旁邊，好讓書寫者方便握著它。所以它在那兒的重要性，與前面用於書寫的部分是一樣的。

我們在找尋人生目標之際，可能會因為無法真正明瞭其意義而變得不快樂。我們或許像紙巾四角或是鉛筆最後兩公分一樣，無法直接發揮功能，重要的是，我們要瞭購買資訊：

書名：________________

您是從何種管道取得本書資訊？(單選)

□大喜粉絲團　□網路　□書店　□報紙

□雜誌　□廣播　□電視　□親友　□其它________

您是以何種管道購得本書？(單選)

□連鎖書店　□獨立書店　□超商　□展場

□郵購　□量販店　□網路　□其它________

您購買本書的最主要原因是？(單選)

□工作上需要　□主題吸引人　□封面吸引人

□偏好此出版社　□偏好此作者　□偏好此類書籍

□價格優惠吸引人　□他人推薦　□其它________

您覺得本書的優點有哪些？(最多選三個)

□內容　□文筆　□印刷　□封面

□紙張　□排版　□圖片　□價格　□其它________

您覺得本書的缺點有哪些？(最多選三個)

□內容　□文筆　□印刷　□封面　□紙張

□排版　□圖片　□價格　□無　□其它________

您對本書的感想與建議：

____

____

____

大喜文化　讀者回函

　　大喜文化的讀者您好，您的建議是本社持續精進的動力，敬請您針對本書填寫問卷，作為日後書籍出版的參考。

　　同時可參加當月抽獎，有機會獲得本社為您精心挑選的好康禮！

歡迎上網填寫您寶貴的建議：

http://goo.gl/LMRcjH

或是將此回函填好後，拍照 E-mail 至本社信箱：

joy131499@gmail.com 即可，謝謝。

基本資料：

姓名：＿＿＿＿＿＿　稱謂：□先生　□小姐

聯絡電話：＿＿＿＿＿＿　手機：＿＿＿＿＿＿

電子信箱：＿＿＿＿＿＿＿＿＿＿＿＿

聯絡地址：＿＿＿＿＿＿＿＿＿＿＿＿

年齡：

□未滿 20 歲　□20~24 歲　□25~29 歲　□30~34 歲

□35~39 歲　□40~44 歲　□45~49 歲　□50 歲以上

解的是我們沒有直接發現明顯的功能，但我們依然重要，而我們的作用，或許就只是「存在」。我們存活於世就只為了愛與喜，所以讓我們單純地為愛與喜而活吧！

對我們而言，若無法明確知道自己存在的作用，那將會是一個艱難的旅程。我們存在於世的作用到底為何？就只是構成這世上的一份子？只為存活於世？我們該如何透視複雜亂相，直逼我們存在的真相？我們都必須憑藉自力尋得自己的道路。在人生旅途中，我們可以互相扶持，但是最終，我們還是得靠自己去見證和覺受生命。原子筆如何知道自己就是原子筆？

這世界有如一面鏡子，我們內在的世界，將從自己周遭反映出來。即便我們同樣生存在同一個世界，你所見和所感知的世界，與他人所見和所感知必有所不同。一個完全相同的物品，所反映出來的模樣或有可能相當不同。譬如，假設我將一個紅色盒子放置在桌子上，你的內在就會開始為你建構這紅色盒子的某種形象。

你將透過自己過去的經驗，以及自己當下的喜好，甚至是未來所投射的事項反映出自我。即便每個人所見的都是同一個紅色盒子，然而其所顯現出來的幻想和感覺必然因人而異。那麼，到底誰反映出來的是對，誰又是錯呢？哪一個顯現出來的後果較佳，哪一個又較卑劣呢？我們將作何評價？我們該如何評估自己與他人的評價？我們是否有力量改變？是否有勇氣接受當下所呈現的實相？我們是否具備足夠的智慧？有一段祈禱文是這麼說：「噢，主啊！請賜我力量去改變我能力能夠改變的事情，賦予我勇氣去接受我能力無法改變的事情，以及智慧去了知這兩者的不同。」

我執如影隨形，與我們共生的執著多不勝數，我們鮮少活在當下。禪修幫助我們看清當下，如實看待事物的本然面貌。當下的力量是讓我們消弭我執，從自我中解脫出來的途徑之一。有一種疾病的症狀，人們會突然忘了過去的經驗及未來的計畫，他們僅擁有純粹的當下，我們稱這類病人為「阿茲海默氏症患者」。我們用了

「患者」一詞，因為具有這種情況的人異於常人，所以我們把他們貼上了「患者」的標籤。但是假如我們來個角色對調，把我們自己稱為患者，而那些我們稱為患者的人們是體驗純粹當下、完全沒有過去與未來的時刻。在我們禪修時刻，我們享受當下片刻的寧靜，直到我執再度出現。何以我們力求達到這樣的境界，而當這些「患者」時時刻刻都生活在當下時，我們卻將之稱為「病患」？

我並非想暗示這其中的對錯，而是單純建議說，或許我們可以用另一種角度來看待「疾病」，或是「異於自我的行為」。看著這些想法，你或許可以透過這些言語，反思到我執的反應。你是否是一位性格頑固，難以接受他人意見的人？你的想像力是否夠狂野，能夠接受上述建言為數以萬計的可能性之一？你對這些建言作何反應，也正好反映出你的內在我執。

你是否具備足夠的力量改變自己能力所及的事情？是否有勇氣接受無法改變的事實？是否有智慧知道這兩者當中的差異？而關鍵就在智慧，了知無常，如實接受事情本然面貌的智慧，以及了知自己面對無常、放下與接受的智慧。我對此尚無答案，但是會在有生之年持續不斷地尋找答案。

內外平衡

大自然一直都在尋求平衡，風暴之後，艷陽天會將之平衡。我相信作為人類也會以各種不同方式找尋平衡。對我而言，向來都相信好與壞都是平衡的。某些不幸的事情發生後，總會有好事將之平衡。這個概念讓我有勇氣接受「壞」事的發生。當我面對不幸時，負面情緒不至於太強烈，因為我相信禍福相倚。這有如在室內看著屋外的暴風雨，雨過天晴。

假設好與壞是平衡的力量，那麼當兩者取得平衡時，第三種力量便會顯現，我們將發現這種力量。當壞事發生時，好事總會來臨以平衡壞事。假設這是事實，當好事發生時，壞事也必將降臨，對吧？也對，也不對。對，那是因為相對的力量總會尋求平衡，不對，則是因為好與壞也不過是個人的價值判斷。讓我分享一則重要體驗，這件事早在好幾年前就發生了。

多年來，我不斷嘗試甩掉對負面情緒的執著。我一直以來都嘗試著面對這些負面情緒，嘗試以絕對冷靜的頭腦去理解，在負面風暴中自己的角色定位。當我處在負面情緒時，腦海反映出來的就是抗拒與怨念，如此一來，我總是火上加油，讓情況變得更糟糕，而結果總讓我懊悔莫及。此時我真的需要協助，但我也意識到大自然與自己內在有一股平衡之力。

雖然風暴雷雨很可怕，但是那總會過去，豔陽總會來臨。儘管負面情況很醜陋，但這也是會過去，正面能量總會回來。有了這樣的概念，我開始覺得比較好過，不再過度害怕面對負面景況。我發現自己需要找到自己的角色定位，才能夠在無懼無恨之下應付這種情況。我開始接受這種狀況之後，在負面情緒下的壓力與抗拒便隨之減少，最後甚至還樂在其中。

我感覺到自己不再將怒意與任何其他負面情緒帶入這種情境，反之，我將這種情況理解為好事一定會來臨，但是在當下，我必須以人性中最積極的態度去面對。我感覺到風暴開始減緩，溫暖的陽光慢慢從厚厚的黑雲中透出來。我身上充滿了希望與和諧的良好能量，全身感到平衡舒坦。

我有能力在風暴之中，醞釀和吸引好的能量，並將負面能量驅散。我將負面能量視為挑戰，而我必須為了達成更有意義的人生目標而忍辱負重。這就有如土壤中的種子，必須極力推除壓在自己身上的層層泥沙方能見到陽光，並因此得以成長。而種子的目標，將隨著它的成長和開花而改變，這種轉變將會對這種境況提供一種新的認知和新的方向。

我在面對負面境遇時都有不錯的感覺，前提是，因為我相信好事的到來會平衡掉負面能量。那麼生命中的好事呢？是否也會遭壞事平衡掉呢？多年來，我總是有這樣的信念。當正面境遇來臨時，我總顯得提不起勁，因為這意味著壞事將會中和掉好事。就算是最合我胃口的食物，吃起來也不再那麼可口。我的慾望開始下降，感到越來越安於現狀，那種沉重的起伏感也較不強烈。我可以察覺到自己面對正面能量的感受，但我並不清楚這是不是處理正面感受的良好方法。本來會讓我笑得前俯後仰的事情，後來只能換得我的一抹微笑。我以這種心境過了好幾年，而我最後證實了那其實是來自自己的「平衡」。

我對於正面和負面能量較為關注，我說服自己對正面能量消極，其實是對負面能量感到不會害怕的副作用。專注讓我更加安寧，禪修也就更加容易。我腦海裡的思緒變少了，並且對我不再構成太大的干擾。他人的反應對我不再起作用，他們的負面評語也不再讓我煩惱，而正面評語也不會讓我過於陶醉。一切事物對我的吸引力變弱了，而我想這可能是適合我的生活方式。我這種寡欲的生活過了好些年，直到又一天，我忽然自問，是否有其它的生活模式？

有時候，好與壞也只是我們的評價，以及我們過去經驗的反射，為什麼壞的一定要以好的來平衡？好和壞該如何定義呢？或許本來就沒有所謂的好與壞，而好與壞也不過是我們自己腦海裡創造出來的價值觀和評價。為什麼我需要接受「壞」東西，希望「好」東西來解救我？為什麼我還需要一個藉口，來「如實接受」當下的境遇？

來自宇宙的愛

當我們思考我們存在的意義，通常會根據我們過往的經驗去找尋答案。我們的習慣、文化、歷史、家族背景、思維模式，或是求生本能，都構成我們在這個世上的經驗。我們的人生經驗通常都模糊了我們真正的存在，那就是愛的存在。我們如果一直都向外界探尋答案，那又如何能夠找到原有的目標呢？我們存在於此，只為愛與喜，愛就存在於每個人身上，答案永遠都存在我們的內在。當我們找到愛時，是沒有言語能以形容的。我有一個故事，或許能夠讓你對這個概念更加清楚，或許能引起你的共鳴。

我有一個嗜酒如命的朋友。許多年來，無論好事、壞事，他總得喝上幾杯。他也曾到戒護中心嘗試去除這個陋習，而往往戒除酒癮的初期還算有效，但是幾個月過後，酒癮又會再度來襲，戒酒對他一點效用也沒有。之後，到戒護中心戒酒這回事讓他感到相當困擾。有一天，戒酒過後他忽然昏倒，因為這個慘痛的經驗，他從此放棄到醫療中心戒酒。但其實他並沒有放棄戒酒，而是選擇了放棄自我。他仰望天際，祈求神的指引。

他虔誠地問道：「神啊！請你教我該如何是好？」這有如駕駛一樣，與其自己主控駕駛，他這時選擇讓神掌舵，他則靜靜地坐在後座觀察著每一個動作。接下來這幾個月中，一個力量引導著他，而一切如常。他對酒精已經沒有慾望，酗酒的習慣似乎就這樣消失了。他感覺到神的力量，有如父親抱著兒子的感受，教導正在蹣跚學步的孩子。當時機成熟，祂就會放手，看看蹣跚的孩子是否能夠自己獨立行走，這時舊習雖然又再度來襲。即便酒癮仍然主控了他的生命，但是有幾個月的時間，他是活在毫無酒癮當中的。

有一天，他參與了一個能量療法課。他對能量的流動有一種特殊的經驗，而這種強而有力的感受轉變了他。當能量流動到他的心臟部位，他感受到一股來自宇宙的愛。「整個宇宙都在慶祝你的歸來，現在你知道你一直都存在那兒。」

在課程中，一直有一個這樣的聲音與他共鳴。這個經驗極為強烈，以致讓他開啟內在視覺，見到另一個空間，一個嶄新的波動充滿了他的心，填滿了所有的縫隙。他感覺到重生，而構成「他」的某一部分被引導到一個嶄新的人生觀。當他睜開雙眼，眼前忽然開啟了意想不到，卻有著無窮可能的人生。人類所具備的感官對他而言忽然變得非常奇異，他以麻痺的雙腳搖搖晃晃走著，眼前的光芒強烈地讓他的眼睛睜不開，好一會兒他才適應了當下的光線。

有人問他：「你還好嗎？」他答：「我沒有感覺，但就像是神在看著他自己。」就像是坐在神的肩膀，以一種極為特殊的角度看待一切。「我」的感覺並不存在，「我沒有感覺」似乎不太正確。感覺並不存在，這有如以一種很原始的本能看東西。他去了咖啡廳，坐著慢慢品嚐咖啡的感覺與平常有些異樣。他環視身旁，看見一對男女朋友，看到女方等待男友對自己決定的肯定。她忽然轉頭問我朋友：「你說我應該怎麼做？」我朋友答：「你自己心裡應該知道的啊！」

這是一種生命蛻變的感受，一切都與以往不同。當他在街上走著，看見一個醉漢拿著啤酒一邊唱歌一邊搖晃。他看見其他人取笑醉漢，而他心裡卻覺得很奇怪。不知道怎麼的，他忽然獨自內心糾結難過起來。他蹲了下來試圖穩住自己，然後卻對自己的內心感受感到訝異。他走回家是經過一間賣酒的商店，他站在店家門前的當兒，感到一陣的噁心感開始從胃部浮現。這個戲劇性的新感受讓他頓時對酒精完全失去興趣。多年過去了，酒精也從此不再支配他的生活。

放輕鬆就有收穫

只要跟隨你的熱忱，就必然會沿著正確之道抵達人生目標。無論當下境況如何，都要勇於創新，創造自己的經驗。教育會有幫助，但也存在著一些障礙。我們從模仿和聽聞中學習。我們透過家人、朋友，同學、社會等等，學習人生經驗。我們透過教育系統學習的時候，有必要遵循一些準則。這些包括規則、法律、道德規範、禮儀，以及對社會如何運作的瞭解。這些原則都是很不錯的指標，但往往也框架了自己。換句話說，這些準則限制了我們的創造力。超出此界線者被認為是不法份子、激進份子，被貼上負面標籤。我們覺得自己由於這些不法份子而成為受害者，所以需要將他們繩之以法，好好規範他們。

但為什麼我們會覺得自己是受害者呢？

我們從自己的教育體系和社會互動學習的當中，需要釐清知道自己並不是受害者。我們是強而有力的創造者，我們遵循著自己對生命的熱忱，開創自己的經驗，不需要成為現實的受害者。我們當然可以選擇成為受害者，經歷受害者該經歷的一切。我們天生本來就有選擇，可以選擇快樂、友善、喜悅和關懷。這一切，都可以自由心證的。

我們有多大的意願感覺愉快？在窘困的境況中，你選擇了難過，還是選擇快樂？我們真正熱忱與創造的力量，在最窘困時能顯現出來。當你瞪著敵人的眼睛，你是選擇「恨」他們，還是選擇「理解」他們，「愛」他們？這一切都看你自己了，你絕對有選擇的權力。**好好關照察覺自己的選擇，確保你的選擇，與你真正對生命的熱忱是一致的。**要勇於創新，創造自己的經驗。你絕對有能力拿出你的創意，但你絕對有影響自己周遭的能力，切記你對他人的創意毫無掌控之力，也絕對沒有辦法掌控他人的事實。

有一句俗諺說「沒有痛苦就沒有收穫」，我從小便對此深信不疑。當窘境衝著我而來，我就知道我得經歷一番艱難才能得到回報。「教育」框架了我，而我選擇了在痛苦狀態中感受獲益。隨著我變得更有創意，更具熱忱，就覺得那句名言其實有問題。為什麼不能夠是「不需痛苦，就有收穫」呢？**我開始相信「不需痛苦，就有收穫」之後，生活過得更順利，我現在甚至不用「痛苦」這個詞彙。我現在取而代之的是「放輕鬆就有收穫」。我選擇了另一種體驗現實的方法，在這個事實中，一切都輕輕鬆鬆，並且收穫滿滿，這果然管用！**

我們都是潛力無限的創造者。某些人選擇了無論在什麼情況下都微笑以對，而某些人則選擇活在黑暗中，期盼有機會在人生最黑暗的時刻，還可見到最微細的曙光。我們生於人世是為了體驗人生，故因此有為人的經驗，活著也可以選擇歷練苦難人生以啟迪他人。我們的創造力是無限的，因此切記不要設限自己，於規範、法條、教育、社會期許、習慣，與目標的框架之中。**在任何情況下都為自己或是他人，保持自由、獨特和真實的創造力。**

第七章

最大的吸引力來源

從思維到感受再從感受到行動，吸引法則一直都在運作。當我們處在真實感受時，振波的頻率會處在最高狀態。思維有可能棘手又虛幻，但感受卻很真實。想著恐怖的事情與感到毛骨悚然兩者很不同，知道緊張是什麼感覺和實際感受到五內如焚是迥異的。當你感覺感受時，身體將會釋放出某種頻率，而其中某些頻率會回返自身。你具備良好的感受，就會吸引更多良好的感受，或許與你心想的良好感受的「東西」不同，但好的感覺是會回返的，這就是吸引力法則。

徹知自己想要的事物與不想要的事物，兩者有所不同。自己想要致富和不想貧窮是不能劃上等號的，所以請全神貫注於你想要的，最後，毫無懷疑地去體現、感受。疑慮只會阻斷自己將產出的能量，中斷你的吸引力。允許感受浮現吧！

如果我們對某件事物有不好的感覺會如何？往往會成真？反之，當我們開始學習感受良好的事物時，卻不一定會好事成真，這一切都是因為來自於心有疑念。疑慮會中斷震動頻率的顯現，最終停止吸引力。當我們產生負面能量，我們的疑惑較少。當我們買彩票，總覺得要中獎是不可能的。很不幸，我們真的很少中獎。我們買彩票時，吸引了「不會中獎」的頻波。當我們說「我不認為我會中獎，中獎機會不大」時，疑惑是相對較少的。我們深信不疑，因此就會吸引相應的結果。讓我們練習說：「我將會中大獎」。不過很遺憾，這還是無法吸引中獎的運氣，因為我們不相信自己會中獎，因此阻斷了我們感受贏大獎的能量。

行動是我們最大的吸引力來源。行動的動力來自於感覺，而感覺是來自於我們的思想，所以，我們要有行動才有吸引力。

例如：有人想要富貴，憑空想像是沒有吸引力的。我們更進一步問，富貴讓你有什麼感覺？我想到富貴就感覺很快樂，很安詳。這時，這個感覺開始增加吸引力。但是憑這個感覺，吸引力還不是很大。你會用什麼行動來表達這個快樂、安詳的感覺？我會笑，我會喜歡幫助人們，我會安心的做事，我會平靜的對待他人。這些行動就是我快樂、安詳的表達。那開始做這些行動吧！這些行動就是最大的吸引力。

你會吸引到一些狀況來讓你表達這些行動，然後你會感到快樂與安詳，這個感覺會讓你有豐盛的思想，而這就是你吸引富貴的方法。

我們要選擇我們的思緒，一但我們選擇了思緒，感覺將開始凝聚，這就是我們經驗的開始，感覺越來越濃厚，能量越來越多，我們的行為將開始成形，吸引力從行動開始擴大。察覺到我們主動的選擇思緒，而不是被妄念所選，是一門很重要的事。你可以觀察你自己，一天當中想什麼樣的事比較多，觀察你自己，想這些事的時候你是什麼感覺？你就會發現，你已經開始吸引這方面的事了。

如果你不想要想吸引某件事，請不要告訴自己，我不要想它了，而是告訴自己，聚焦在你真正想要的事。舉例說明：我告訴你，不要想小白兔！你現在想的是什麼？小白兔？我如果說不要再想那隻眼睛紅紅的小白兔！你想牠了嗎？你想的那隻小白兔眼睛紅紅的了嗎？我如果再說不要想那隻紅眼睛的小白兔前面有一根紅蘿蔔？你能不想嗎？你頭腦裡面浮現的，不就正是那隻紅眼睛的小白兔現在在啃一根紅蘿蔔？如果我越說你不要想，其實你反而越想，你要告訴自己，與其說你不想小白兔，不如說你要選擇想什麼？你選擇想大鼻象？你開始想著大鼻象的鼻子很長，灰色的身體。對的！堅持這是你的選擇，繼續想它，你已經開始遠離小白兔，開始吸引大鼻象了。

瞭解這個道理之後，你是反對戰爭還是支持和平？如果你是反對戰爭，你想的還是戰爭的景象。如果你是支持和平，你想的是和平的景象，那就會吸引和平的到來。這兩者是完全不同的世界，仔細體會其意義。

將凝聚的思緒轉為行動

我們帶了兩種東西來到這世間：需求，以及我們不想要的東西。基於吸引力法則，我們趨向吸引這些事物卻不自知。「需求」指的是賴以活命的要素，例如我們呼吸的空氣、食物、飲水等。假如我們生而為人，我們需要這些元素保持生存。對植物而言，它們需要陽光、水、空氣和泥土。我們發現自己和植物所需有所不同，而每一個人都需要不同的物質以求存，我們必須意識到自己保持生存的基本生命要素是什麼，這些所需攸關生命，切莫不可和「想要」混為一談。

我們都想要過得好，想要大富大貴。你可能聽到自己說過：「我需要致富」，然而事實上那只是你想要致富。這兩者到底有什麼不同呢？需要比想要更即時。你可能為了賺更多錢而少吃一兩頓。當然，這沒有對錯可言，我們只是單純觀察這個行為。人們為什麼做這些事情？難道是因為別無選擇嗎？抑或這是他們在無意中已經做了選擇？這到底是命運，還是他們掌控了自己的命運？他們是否有強烈的信念，相信自己願意犧牲自己的需要，例如少吃幾頓飯，從事更長時間的工作？這種行為的後果會是什麼？我們是否接受後果？無論如何，我們來到這個世上，內心就有既定的所需。

我們也背負著我們不要的東西。我們越是關注於自己不想要的東西，就越發會吸引這些東西，這些事物因人而異。某些人不喜歡與他人打交道，他們缺乏與人溝通的能力，總是害羞安靜地躲在人群中。有些人則不堪寂寞，不想被冷落，他們總是希望成為某事件中的一份子，希望得到愛人、家人，或是朋友更多的關注。他們的行為也沒有對與錯，這就是他們來到這個世上的習性。

在日常生活中無論做什麼事情，都離不開需要和想要。當我們較為客觀，就能夠看清我們的需要和想要。當人們瀕臨死亡，或是面臨緊急時，生命價值可能隨之改變。他們感受到與需要的連結，對於想要的執著會越來越少。一個成功的生意人可能會以工作為要，而難得與家人聚首。但當此人大限逼近時，可能會後悔沒有和家人好好相聚；甚至懊悔作息不正常而拖垮健康。我們活著是為了工作嗎？你可以反駁說如果生意人總是放不下家庭，哪會有成功的希望？這或許是事實。商人如果滿足了自己與家人的相處，生意上可能無法如意。關鍵是你是否接受這樣的結果？

是否能夠放下自己的我執，接受一切的後果？

我們對於不想要和害怕是很有感覺的。我不喜歡用「害怕」這個詞彙，因為那可能和負面情緒扯上關係，那就把「害怕」想成你不想要的事物。有時候，我們需要「害怕」以確保安全。例如當你很靠近懸崖時，如果你一點都不害怕，那就會越走越靠近懸崖。我一般會用「不要的感覺」來形容，因為這樣的形容詞比較中性。許多人的人生挑戰就是面對「不想要」的事物。懂了這個概念，來做個練習吧！先把眼睛閉上，想著你這輩子不想要的事，或是讓你害怕的事情。不要讓這個現象框住了，試著感受內心生活的意義，體會在這些現象發生前的感受，那些你曾經擁有過的感覺。

金錢與交易

當我年輕時，很不喜歡買東西這個行為，用金錢來換取東西的概念對我是很奇怪的。我常常請我的妹妹幫我買東西，我往往把錢交給她，然後站在店家外面等她買東西。這是一個很簡單的交易，但是我就是不喜歡自己做。我嘗試將這個行為分成好幾個小步驟，好讓我知道該如何去做。

你能夠走進店家嗎？可以。你能夠拿起產品嗎？可以。你可以把錢交給收銀員嗎？可以。你可以找了錢和產品，然後走出店家嗎？可以。你可以連貫完成所有的動作嗎？不行，其實我還是可以做。但是除非絕對必要，否則我寧可不做。我這個習性伴隨我多年，但我就是不明就裡。

隨著我逐漸長大，我學著克服這個挑戰。我嘗試與父母、太太和家人去商店。但是當我獨自走進店家，往往都不會買東西，總是空手而歸，我一開始也感到極其不便。我可以這樣過活嗎？但是我事後感到慶幸，因為這樣我就可以省下一筆錢了。當我有買東西的慾望，我便獨自來到商店，這個慾望便隨之消失。

生命可能以一種有趣的方式來教導你。有一天，我應徵了一份出納的工作。對我而言，這是件困難的差事，因為我每天都得與人做交易。我必須面對自己的害怕、面對自己的挑戰，面對我從小就很害怕的事情。我仍然清楚記得第一次在商店做交易的情景。

我見到有客戶走進店家，他們挑好產品把錢交給我；見到自己找零給他們，把一袋產品交給他們；見到自己連貫地完成這一切，見到自己被恐懼吞沒。然而，我並沒有看到恐懼吞沒了客戶，客戶說了一聲「謝謝」便離開店家。我心裡想：「不不不，該是我謝謝你。」一感謝你教導我面對挑戰。我不知道自己做的有多好，但是我知道我面對它了。我很慶幸自己必須面對更多的客戶，但我不再感到那麼害怕。我現在已經能夠獨自到商店，自自然然買東西了。

我很開心自己學習買東西，而且還能夠去我以往不能購買東西的商店，看看自己是否能夠在那兒買東西而不覺害怕。我可以一邊做著買東西的動作，一邊觀察我的感受。我很高興自己變得正常，征服了害怕，或是不想買東西的感覺。

這個教訓並未就此結束。我對自己的這個轉變是如此著迷，促使我想要與家人和朋友分享這個經驗。當我嘗試說出這個故事時，總感覺有些不對勁。人們對於我是否能夠買東西毫無興趣，他們只會覺得我無法獨自買東西是個怪胎，我覺得我要與他們分享的，絕對不只是我所經歷的經驗。

生命到底教會了我什麼？難道就只是學習購買東西？學習接受最後的結果，成為一個出納員？克服面對出納員的恐懼？面對並接受挑戰？還是教導他人這個生命轉變的經驗？不，這些都只是事情的表相，應該不止於此。我該如何讓人們理解到更深層的意義呢？

命運教會我從害怕的眼神中面對害怕，而那其實也沒有想像中可怕。事實上，是我自己製造了買東西的可怕。隨著我釀造出可怕的思緒，我將之轉換為不想買東西的能量，並嘗試避免面對。當命運將我定位為出納員，我開始以不同角度看事情。當我選擇成為出納員，我的任務就是服務客戶，幫助他們完成購買東西的程序。看起來我似乎別無選擇，但事實上，當我決定了當一名出納員時，我就已經做了選擇。我自自然然地做了一個出納員所應做的，協助客戶。我相信這才是這個故事背後的教訓。

在生命中，某些選擇是從幻象中產生出來擾亂你的真正選擇，而某些情況，看似別無選擇，但事實上你已經做了選擇。當我們理解自己的需要和想要，那麼我們就擁有看清虛幻抉擇的工具。

當我們出生到娑婆世界，就已經做了生為人的選擇。某些人覺得他們無從選擇自己的父母與居住環境，而有些人則相信在他們出生前就已經選定了父母。我相信我們到此，是為了了結我們自己所造作出來的痛苦。我相信我們永遠都背負著自己的需求，和我們不想要的東西。或許我們將背負著這些，延續到下一世，甚至是未來世。

無人知曉我們下輩子，甚至是下輩子以後，會是什麼樣的光景，而許多教義都專注在減少需要、停止想要來中止痛苦。我覺得恰當的說法是，你應該追求自己一輩子過得滿足。當你覺得身心安穩，一切的負面和正面都會和諧存在，讓你能夠專注與保持中道，這會是一個最珍貴、平衡的時刻。

快不見得是好事，慢也未必是壞事。將就其快慢，讓事情在適當的時機呈現其正確的速度，吸引力會在最自然發生的情況下達到巔峰。放下期待。時刻一到，就以其速度自然呈現。明確地、不存疑惑地知道，自己所吸引的對象。**讓一切保持最單純狀態，避免複雜憂慮的思緒，精確地知道自己想要吸引什麼，然後讓一切順其自然地來到你這。**

第八章

與高靈溝通的故事

我們將以三個不同的思維模式來討論這個故事。在閱讀的時候，嘗試想想這個故事的意義。在故事結束時，我會提出一些另類的思維。這是一個我多年前聽過的故事。隨著越來越多想法的浮現，不同的感受生起，而故事也呈現了不同的意義。這個故事講述一個男孩與高靈溝通的過程，你也可以用別的名詞來定義「高靈」，你可以將之名為「存有、神、佛陀、上帝」，或是其他名詞。我喜歡以「高靈」來定義那些了知生命奧義，瞭解事情可以以全貌存在著的靈體。

這個故事講述一個男子與一名商人之間的誤會。男子和商人都匿名，所以我們只把他們當成是一般的男子和商人。嘗試看出每個行動表面的意義，及瞭解其背後所欲表達的意義。

誤解的發生

一個商人到一間寺廟朝拜，因為他即將登上渡輪參加一個會議，因此他祈求一路平安。他很專注地祈禱，期盼高靈能夠護佑他。另一個男人也到寺廟朝拜。他也是心無旁鶩地禱告，此時有人撞到了他，把他的錢包弄丟在地上，但他卻毫無知覺。禱告之後，第二個男人在沒有意識到掉落錢包的情況下便離開寺廟。幾分鐘之後，他折回頭找尋他的錢包。

這時第一個商人因為趕時間，匆忙地離開寺廟。男人見到商人行色匆忙，心中很是不悅，他迎向商人向他追討錢包。商人不明就裡，所以不願意與男人說話。此時商人內心急著想離開現場，於是避免與男人起衝突，男人因此更篤定是商人偷了他的錢包，而商人上船的時間也變得更加緊迫。

圍觀者不久就多了起來，許多人也開始議論起他們之前所見，一個男孩因為目睹了整個過程，因此幫兩人解除誤會。小男孩指向地上的錢包，男人這才知道原來商人並沒有偷自己的錢包，趕緊向他道歉。可是就在這時，商人已經誤了上船赴會議的時刻，商人因此喪失了商機，空手而歸。小男孩回到寺廟要求高靈提供答案，為什麼好人會遭遇這樣的倒楣事？

小男孩凝視著高靈之際，喃喃自語：「其實你也看到了整個事件的經過，為什麼都不說句公道話呢？」當然，他只是對著象徵高靈的泥塑木雕叨唸著。

一個經過的婦女說：「泥菩薩怎麼會說話呢？神靈自有他們神奇的運作方式啊！」小男孩依舊凝視著高靈：「你只要往地上一指，商人就不會誤時，就可以及時上船開會啦！你有需要這麼神神祕秘的嗎？如果你直接告訴男人事情的經過，這一切的誤會也就不會發生了，對吧？」

高靈嘗試以生命的境遇來教導我們，希望我們能夠自己看到事情的深層意義。有時候，真正的含意是無法從表象看出來的。然而，觀察表象的訊息是探究生命的第一步。我們能夠從上述故事中學到什麼呢？生命中充斥著誤會。某些誤會可以澄清，某些誤會需要時間化解，但是有些誤會則無解，因為我們找不到解除誤會的正確方法。

我們是否接受所呈現的結果？我們是否不斷找尋誤會的答案？我們是否被當下所蒙蔽，不允許有其它可能的答案？誤會就在心中，而我們總以自己所理解的方式採取行動。其實你應該警覺，對不同的可能性敞開心扉，那或許是我們面對人生誤會的方式之一。

有時候被誤解讓人很難受。有些父母過度呵護自己的子女，在子女幼年時不讓他們做冒險的事情。子女總是不諒解，誤會了父母真正的動機。這種誤解通常會一直留在子女心中，直到他們具備足夠解除誤會的知識和方法。誤會其實充斥著我們的周遭，有可能是被曲解為壞事的好意。好、壞、對、錯，其實都是二元論，我經常會避免陷入這種好、壞、對、錯的陷阱。我將之視為「陷阱」，因為那框架了自己的心扉，讓我們無法接受其它的可能性。現在就讓我們敞開心扉，體驗上述故事的可能性吧！我們見到了故事的表意，那麼就讓我們穿越表相，嘗試探究其更深層的意涵吧！隨著故事的發展，切記敞開心扉，享受故事中任何一個可能呈現的意涵。

臣服並接受

小男孩淚眼汪汪地打從心底哭泣：「你做錯了！如果我是你，我就會馬上出來澄清誤會。」高靈意識到小男孩的傷心，所以出現在他面前。高靈說：「你是對，也是錯。」男孩很好奇，對高靈的顯現感到很驚奇：為什麼要跟我打啞謎呢？我以為對和錯、好與壞都是對立的，我怎麼可能同時既對又錯呢？」

高靈說：「很難用文字向你說明，只需你自己用心去體會。」

小男孩祈求著：「噢！更多的啞謎，請你開示吧！我也想體會，想學習。」

「要變成一個像我這樣的高靈並不容易啊！如果你覺得你已經準備好體驗我的位階，那麼我就讓你體驗一下，但是有一個條件。」高靈繼續說：「條件就是你不可說出任何言語。你只能夠做一個靜默的觀察者，接受任何你所見到的結果。最後，你就會得到答案。」

那個高靈將男孩變成看似神祇的木雕，然後讓時光流轉，回到生意人來到寺廟的時空。男孩非常興奮，能夠以高靈的角度觀看事發的經過，他看到生意人正在那兒祈求。

生意人在心裡默默地祈禱著：「敬愛的神啊！我即將登上遊艇赴一個洽商會議。我希望這一趟行程可以一舉成功，而我也相信自己能夠取得好成績。」小男孩想：「哇！我聽到他的思緒呢。我可以幫他！」商人臉上充滿謙卑地磕頭：「祈求神祇了。我並不祈求你讓我有個成功的洽商，因為那是我需要靠自己努力的。我只祈求你保佑我一路平安，讓我可以與家人團聚。」

另一個人來到寺廟參拜，心中默默禱告：「感恩神祇的祝福，讓我擁有財富。我現在有了大豪宅，家庭和樂，時間充裕，所以能夠不時遊山玩水。但我並不快樂，為何我老是嗔怒？請賜予我更多吧！我希望我現在擁有的能夠變得更多，這樣我才能夠快樂，才能一直保持不起嗔怒，請將我變成一個快樂的人吧！」

這次神祇讓小男孩看到這個人，不時到此祈求得到快樂，他相信財富能夠為他帶來快樂，並允諾假如他得到財富，他也會把財富與他人分享。但他只是將部分的財富與家人分享，而他的家人現在已活得很快樂。他並沒有履行承諾將財富與其他人分享，財富已經將他變成一個貪婪自私的人了。

小男孩心想：「我才不會幫他得到更多的財富。他衣冠楚楚，錢包滿滿，我只希望讓他變得更快樂。但我該怎麼做呢？我們只能夠讓人們從自己的人生經驗中得到教訓，看看接下去發生的事情吧！」

當下，有人撞上了這個男人，而男人並沒有注意到他的錢包被撞到地上去。禱告完畢後，他在毫不知情中離開了寺廟。幾分鐘後，他折回頭來找錢包。男人充滿惱怒地思索著：「現在到處都是小偷，我真不該穿的這麼高貴，他們一定是看到我西裝筆挺，所以偷了我的錢包。」

當他匆匆折回寺廟時，剛好看到生意人從廟門口匆匆而出。他大喊：「喬裝成生意人的傢伙！抓住他！他偷了我的錢包！」小男孩看到了這一切，但是越來越看不下去。他嘗試掩著嘴巴，因為他答應高靈禁語，絕不干涉事情的發生。但是，他感到心中的凜然正義，再也按耐不住，一時忘了自己是木雕之身，大喊出口：「你的錢包就在地上啊！」

大家看到地上的錢包後，競相跪拜：「神祇說話啦！」男孩向高靈致歉道：「很抱歉我沒有遵守禁語的諾言，但我相信這麼做是對的。現在誤會終於冰釋，而生意人終於可以順利搭上渡輪洽商了。」當然，生意人的確是趕到了碼頭上了渡輪。渡輪如期出航，但是很不幸卻撞上了岩石。船上所有人都趕緊抓住能夠讓他們浮著的物件，等待救生人員的到來。生意人在載浮載沉之際，竭盡全力想保住簽好的契約包，然而很不幸，契約包實在是太沉重了，他最終因為過度沉重，淹死了還緊抓著包包不放。

男孩說：「我真的不是故意的。」高靈回答：「我知道生命總是試圖平衡，並保持無求。**假如你想得，你就需要施予，假如只接受而不付出就會失衡。接受現狀，客觀接受事情的結果，就是了知生命更深意涵的第一步。生命並不神秘，只不過是人心讓生命變得複雜。**」

小男孩問：「無求是否意味著什麼都不做？」

高靈回答：「無求一點也不悲觀。假如你選擇不採取行動，也意味著你採取了『不採取行動』的行動，不採取行動也是一種行動。」你可以是一個觀察者，見證了一個情境的發生。你或許感覺自己並沒有做些什麼，但是你的存在本身即有其存在涵義。

「你之前看到我無所作為，覺得我其實應該做些什麼。事實上，我當時的確是做了一些事情，只是你當時無法親見。」高靈接著說：「你只是看到了事情的表相。你並沒有去感受和嘗試理解箇中更深層的意義，同時還在你我之間製造了某些誤解。假如你真的希望知道真相，其實是我促使某人撞上了那個男人，讓他的錢包掉落在地上。因為這個動作將促使那個男人折回頭來纏住商人，讓他因無法如期抵達碼頭而耽誤上船時間。這也就是我對他祈禱的回應，一趟安全的旅程。我知道這趟行程的結果，所以不讓他登上渡輪，就是我給予他最好的回應。」

旅程的開始

事出必有因啊！當我們迷失在當下，我們對生命的真諦是不夠覺知的。往往在事過境遷之後，當我們觀察我們過往的行為，才有可能對生命的深層意義有粗淺的瞭解。隨著我們更加成熟，對於生命的意義也將有所改變。我們一旦看穿了事情的表相，就有可能接受給予我們的挑戰，知道自己應該如何做。我們或許會放開胸懷接受更多的可能性，如實接受一切後果。當我們學習如實接受結果，我們或有可能開始釋放出不同的能量和動力。

這個故事已經埋藏在我心中多年，隨著我年歲漸長，總是賦予我不一樣的涵義。這個故事的第三部分，我將丟出目前仍是無解的問題，這是最為令人著迷的部分，請試著讓自己敞開胸懷接受一切的可能性吧！

高靈對事物的觀感沒有時空的界線，他們有能力洞察過去、現在和未來的情形。在這個故事裡，高靈了知渡輪將會遭遇災難，也知道如果生意人登上渡輪，則必將罹難。他會因為不捨沉重的生意契約包而溺斃，因此祂才會使那個有錢男人，不得不折回寺廟找尋錢包來干擾生意人的行程。男人會促使生意人誤了上渡輪的時間，這也就是高靈解救生意人，讓他免於溺斃的回應。

當高靈與小男孩對調身分，讓小男孩扮演高靈的角色，高靈告訴小男孩只能觀察局勢，不能做任何言語的回應。既然高靈能夠透視過去、現在和未來，那為什麼卻看不到男孩無法守住禁語的承諾？假設高靈能夠預知未來，會看到小男孩溜嘴說出錢包的事情，那麼他或許不該答應小男孩對調身分，讓生意人溺斃。為什麼當高靈成為因果的一部分時，便無法看清事情的真相？當一個人的我執觀念介入了他人的境遇時，就很難再看清事情的真相，這是事實。當我們不介入他人的境遇，就可以看得清清楚楚。

生命中的事物有可能模糊了我們的判斷，而當我們盡力保持客觀，就能夠清楚看待事物。有時候，假如我們對某件事情產生情緒上的執著，就很難看清自己的境遇。我們是否經常聽人家說「愛是盲目的」，或我們有時候也聽見人家「遭怒火吞噬」。我們心中對於愛、恨、憤怒、惆悵的情緒，可能很強烈，我們需要時間檢視自我的內心。看清我們自己的反射，了知自己生命的意涵，然後以清醒的頭腦，善盡我們在這個世間的任務。

第九章

善用頭腦的潛能

我們一天大約睡個六到八小時，其中有兩個小時是處在夢中。根據《探索頻道》的報導，我們在醒來之後，有超過半數時間處在白日夢之中。我們竟然有過半的生命是處在夢中的，這真是讓人驚訝！

白日夢的定義是：我們的思緒四處飄盪，無法專注在現有的工作上。例如我坐在椅子上看書，雖然眼睛注視著書本的每一頁面，但事實上大腦是在想著其他事的。我腦海中有可能完全想著其他的事情，而對眼下正在看的書，失去專注力。這些思維都是自我的顯現，自我不斷製造出妄想，占據你的注意力。我稍一失神，自我便悄悄地占據了我的專注力，並嘗試瞞騙我說，思緒都是我自己製造出來的，與我執無關。但是，我是否能夠將我執拒之門外呢？這似乎很難！我舉一個例子好了。

當你用手觸摸冰塊時會感覺冰冷，觸摸一杯熱水時會感覺熱量，無論觸摸什麼物體，總能夠有不同的感受。你在必要時都可以用手去感受物件。假設你不希望感受冷和熱，就不會用手指去觸摸它們，手指也不會去感知感受。在不觸摸東西的情況下，手指是否能夠自行感知冷和熱？你是否能夠運用大腦去感知？你是否能夠在必要時想著某個物件，而在不需想像時，大腦就會停止運作？其實我們很難阻止大腦運作。如果我告訴你：「別想著大象喔！」你想你的大腦會呈現出什麼？大象。即使我是刻意告訴你「不要想著大象」，我們還是會想到牠。

我們大腦運作的層面很寬廣，以致我們很難命令它該做些什麼、不該做些什麼。然而我們最初為什麼要告訴大腦執行某些動作呢？因為這是我的腦袋，我對它有掌控的能力，所以我想告訴它該怎麼做？我應該可以自行掌控！假設我們腦筋夠清楚，的確可能有力量運用大腦。我的信念是，我們大腦威力無窮，並不是任何人都有能力支配的，因為並不是每個人都預備好全盤接受大腦的潛能。

我們腦海中的想法，一部分屬於我們，而某部分卻非我們所有，試試看以下的練習，也許你就能理解了。以最舒適的坐姿安坐，然後輕輕的呼吸。你可以閉上眼睛，或是將注意力安住在面前的某個物件。放鬆肌肉，感受身體內部血液的流動。

靜靜聆聽周遭的聲音，假如你聽不到任何聲音，就好好享受靜默。清除大腦的思緒，告訴自己放空，讓大腦與身心靈都放鬆。

當你看到一個念頭生起，切莫抗拒，只是看著它如何攪動，令其他思緒產生。切莫耗費多餘的力氣與之抗爭或委屈順從。就讓它自然發生，然後觀察它。開始時，它有造作更多思緒和念頭的動力，還會試著遊說你，抓取你的注意力。我們繼續不做判斷，也不給任何建議。在做這個練習時，你只是需要專注你當下的動作：**你舒適地坐著**、**呼吸著**，**放鬆並感受著血液的流動**。這就是你當下所做的，好好觀察你的思維。慢慢地，大腦就會失去力量，漸漸緩和。這時，你會感受到身心靈的和諧、安適和平靜，這才是你。

你對我執毫無招架之力，但你已經準備好清楚地運作自己的大腦和思維。大腦對你的建議再也無法影響，因為你已經了知我執的詭計。切記！你對當下失焦的那一刻，我執還是會再度抬頭的。這就是為什麼禪修是那麼重要的練習，可讓我們能夠專注在當下的事務，讓我們遠離白日夢。

當我們預備好運用頭腦時就會運用，當我們需要專注於眼下的工作，我們就需要讓大腦處於休眠狀態，好讓我們專心工作。我們可不希望在操作重型機器的當兒還在做白日夢，也不希望在高速公路開車時解決複雜的數學習題，對吧！我們需要處理的事項，總有其適當的時間和空間。如果我們需要做白日夢，當然需要找到適當的時間和空間才做，而不是任由之干擾我們的作息。

關鍵是，千萬不要與之抗衡，因為抗衡只會提供白日夢更多的能量。

試試看觀察它，看看它到底在做些什麼。假設白日夢已然成為我們的習慣，那麼我們就更難將之制伏了，這也無妨。隨著我們閱讀了更多的知識，得到更多的啟迪，就越能夠運用這些新技巧改變習慣。我們生活中一大半的時間竟然用了一大半作白日夢，但我們將會覺醒，重新恢復專注力。

當我們作夢時，身體得到休息，而靈性得到充電。有時候，我們的靈性到處晃盪，提供了我們稱之為「夢」的影像。在夢中，我們很難詮釋夢境直到我們醒來。夢中的影像和故事，或許是啟迪生命的某種方式。生命也是一樣。假如生命是一場夢境，那麼我們在死亡的那一天終會醒來。如果我們能夠於夢中覺醒，就有可能洞察許多的生命意涵。假設我們學著從夢中醒來，那麼我們就有可能學習如何在日常生活中都處於覺知中。

察覺你的失去，了知你的獲得

什麼是夢？你是否曾經經歷過一場宛如實景的夢，甚至醒來後還能夠憶起所有細節。又曾否於夢中醒來後，還希望重返夢中試圖能有所作為？我們是在用心作夢嗎？還是在用大腦作夢？我們在清醒的狀態下習慣運用大腦，那麼也會習慣以大腦作夢，而如果我們在清醒時習慣用心，那麼也很可能會用心作夢。

有一天，我作了一個令人困擾的夢。我在夢中觀察了一個狀況，我醒來後，真的很想再回到夢中，與夢中之人好好談談。當我閉上眼睛急著入眠時，我意識到假如我有作夢，那麼夢中人物必然是由我虛構出來的。假設我渴望與夢中那人談話，這是否意味著我只需要對自己說出心裡的感受？我是用心在對自己說話嗎？還是用大腦在與自己對話？我睜大眼睛躺在床上，然後和自己的夢境作連結，我無法入夢。或許我是用了大腦的語言，或是心的語言，是不對的溝通語言，但這次經驗讓我對作夢有更進一步的體會。

你只要經歷過自我覺醒的階段，在面對日常生活瑣事時就會更加敏感。然而，我執還是會徘徊在側，伺機隨時奪回掌控權，讓你再次陷入無意識狀態，徘徊在覺醒和無意識之間是很正常的事情。當我們處在清醒狀態時，必須學著在沒有自我的狀態下運作。我們因為已經習慣了讓自我來支配自己，什麼該做什麼不該做，以致有時候迷失了自己。像這樣的狀況就發生在我身上很多次，我希望能夠藉此與你分享一個故事。

有一天，我在逛百貨公司時見到一個漂亮的花瓶，它的形狀勾起我的興致。我拿起花瓶細細觀賞，感覺它在我手中的重量。當然，價格也是不菲。我的我執一般都會慫恿我將之買下，但今天相當特別。因為自己處在覺知的狀態，我執竟默不吭聲，我完全聽不到大腦的任何建議。我因為已經習慣大腦的聲音，以至於必須停頓好幾分鐘等待著建議，但是得不到任何回應。

買下花瓶和將花瓶放回原處的感覺詭異地相似。將花瓶帶回家的意願並不強烈，同時也沒有不願意將它放回櫃子的感受。另外，我感覺自己反常地給了自己另一個選項，並感覺到自己在極為清醒的狀態提供自己選擇。我是真的需要這個花瓶嗎？或者我只是想要這個花瓶？

無論我自己的選擇是什麼，我知道我都必須接受它。讓我訝異的是，有沒有這個花瓶，我都可以接受。這個感覺棒極了！而我希望每當我要做任何決定之時，都能夠有這種感覺。我決定如實地接受這個結果。我們往往都會以許多的「想要」來滿足自己的自我，將「想要」轉為「需要」。與其了知我是「想要」花瓶，我執會告訴自己我「需要」那個花瓶。較之「想要」，「需要」的執著是更為強烈的。我執通常會操縱「需要」與「想要」來控制意識心。當我們處在清醒狀態，就很清楚什麼是需要和想要。所以在對自己的決定明確的情況下，當然就能夠接受一切的後果。

我最後沒有買下花瓶。離開商店時，我並沒有感覺失去一個買下花瓶的機會。我覺得自己是放下了某個「想要」的想法，覺得自己還不錯。無恨無悔，沒有傷悲，也沒有負面感受。我離開商店時也沒有正面的感受，只是一種滿足。這種感覺有點怪異，但那是很不錯的感覺。放下執著，感覺如此輕鬆，這或許是一種平衡。當你感覺失去了某些東西的時候，同時也會感覺獲得一些不同的東西。你需要的就只是察覺你的失去，了知你的獲得。

莫要創造出期待來欺騙自己

我們夜間都會作夢，有時候會記得夢境，但有時候醒來後就忘得乾乾淨淨。有些夢境重覆率相當高，這是為什麼呢？我們在夢中感受到什麼了呢？如果我們在夢中也能夠保持覺醒將會如何？有些夢境就算你醒來後還是栩栩如生，以致你能夠如數家珍般敘述所有的細節。你在夢中能夠見到物件、顏色、形狀，你可以聽到聲音，感受到壓力與快樂。這些感受和影像是如此真實，以致你無法確認這即是夢。我們如果在清醒時還無法覺醒，那麼在夢中又如何能夠覺醒呢？

想想看：你在夢中可以看到東西，但是事實上我們眼睛是閉著睡覺的。如果你閉上了眼睛，那你又如何觀看夢裡的一切，你夢裡看到的是什麼？為什麼夢裡竟是如此栩栩如生，與真實世界如此真假難辨？

我們通常沒有用自己心靈的眼睛看事情。在我們的認知裡面，我們需要光線才能看到東西，沒有光線就很難看清事物。在完全黑暗的情況下，我們必須用觸覺去感知物件。當我們感受到物件時，大腦就會創造出一個影像來，而我們就用大腦來看它。以一種感官來填補另一種感官的情況是很普遍的，我們在日常生活中常會發生，但卻很少去意識到這一點。例如我們會用自己的眼睛去「品嚐」食物。雖然我們並未真正品嚐那個食物，但是我們可以透過眼識來品嚐。

我們的大腦從我們過去的經驗創造出一個幻覺，產生出一種主觀感受，這也是誤解發生的地方。在夢中，我們的大腦創造了能見影像，同時說服我們那是真實的。雖然我們沒有真的用生理眼睛去看，但還是可以透過我們過去的經驗，從我們大腦的幻覺「見到」影相。我們有時候會用眼睛去品嚐食物，這也是事實，但是我們必須用心觀察我們的為。我們必須清楚知道，舌頭才是品嚐食物的最佳器官，因此當我們用眼睛去品嚐食物時，我們的判斷必然失真。假設我們能在清醒時保持覺知，那麼就有可能在夢中也明明白白。

假設你聽到夢中的聲音，你是否用耳朵去聆聽？假如這是你的答案，那麼你應該聽不到聲音才對，因為你正在睡眠中。為什麼睡夢中的聲音會如此真實，以致你很難分辨是夢中之聲，或是現實中的靜默？我們通常聽不見靜默，也不懂得欣賞靜默。其實組成聲音的元素有二：聲音的震動與靜默。我們的耳朵不斷聽到聲音，而靜默也是聲音，在許多情況下都派上用場。在冷戰期間，靜默就是強而有力的溝通，但有可能遭誤解。或是錯誤詮釋。

當人們爭吵時，呼叫和吶喊就是戰鬥的聲音。某些人選擇安靜的決鬥，而靜默是很難被打敗的。靜默也是溝通的另一個管道，靜默或許很可怕，或許有安撫作用，也可能讓人喜悅。當你聽到靜默，就開始聆聽到內在的自我。於靜默中，你或許有可能聽到大腦的聲音，聽到真正的靜默而開始懂得欣賞寧靜。你或許有可能從靜默中找到喜悅，找到無求，找到寧靜和融洽。那麼，你在夢中聽到的到底是什麼聲音呢？這些是否是殘留在你腦海中的餘音呢？那是否是你的聽覺效應，抑或是你聽到的真實聲音？

舉例說，聽到尖叫聲會讓你提高警覺。當你達到提高警覺的目的後，你實際上是否聽到聲音還重要嗎？增加警覺將會讓你感覺到自己聽到聲音，這個現象就如你用眼睛看著菜單，品嚐食物一樣，這些全都歸於一個著名的哲學理論：當樹林中的一棵樹倒了，假如無人聽到大樹倒塌，那麼聲音是否存在？聲音到底是存在於你的耳根？大腦？抑或只是理論上存在？

我們該如何在毫無期盼的情況下作一個夢？或編織美夢而不滿足我執？期待可能就是苦的根源。當我們有期盼，我執便會創造出一個虛假希望的感受。我們可能在比較現實與期望後，所產生出來的各種情感所迷惑。我們的內在我執會將這些感受反射在當下的情景，苦將因此而產生。當現實無法達致心中的期望，我們便會對其產生負面情緒，假設期望一如現實，那麼我們就會感到滿足安穩。假如現實勝於心中的期待，我們就會感覺愉悅鼓舞。

我們為什麼要創造出期待來欺騙自己，讓自己處在苦惱中呢？絕大多數的人都活得不快樂，而我們往往都會以虛擬的希望來滿足我們不快樂的現實。我們嘗試編織美夢作為生活的目標，很難理解，當下本身就是一種禮物。我們有時候會過度執著過去或是未來，以致不懂得珍惜最為珍貴的當下時光。有夢想也無妨，但是萬一當夢想戰勝了自我，開始創造出強烈的期待，一股腦兒的只活在美夢之中，那麼這就不是明智之舉了。

第十章

我是一切的美好

從這些事之後，我學習面對挑戰，從中得到經驗，以便回歸到真正自我。愛本身就是一股強大的波動，能讓我以不同觀感看待一切，透過不同觀點讓我感到周遭充滿無限的滿足。我能夠感受到自己內心的愛散發出來感染了其他的人，亦感受到愛回返到自己身上。這種懷愛的正面能量，從我的微笑、歡笑、笑聲、欣賞和喜悅出發，包括許多我共同創造出來的美好感受。

一位朋友曾經問了我一個問題：「愛與被愛之間有何差別？」我誤解了她的問題，以為她指的是愛別人和成為愛之間的區別，因此開始大談愛的定義，以及我們原本是如何來自一種不求回報的愛。一旦我們瞭解到我們本為愛的化身，我們就能夠發自內心對他人散發出愛的磁波。

無論我們是以頻率或是磁波的方式散發出去，最終都返回到自身來。當我們愛護他人，我們就為自己的世界造就一個愛護他人的感受，而這種感受將返回到我們自身。當我對這個概念越談越深入時，她笑著，重新引述她的問題以取得我的注意力。

她說：「我是想要問你對愛和被愛的看法。」對於這一點，我的想法是，愛別人有如有能力給予一份禮物。假設你內心充滿了這種慈愛，那麼愛就會流露出來，而你將會有一種，無論執行什麼動作都感到無比歡喜。被愛就像是呈獻一份禮物於你。當我們揭開這份禮物，或許喜歡，或許不喜歡，但無論如何，還是一分禮物。透過自己的觀感了知這份愛即是一份禮物，充滿欣喜和感恩去接受。

接下來的更有意思了。我們有一些將愛心分享給他人的經驗，然而他們對這一份愛卻有些負面。我們會對於這種負面回應覺得不太好受，那是因為這份愛心夾雜了某些條件，真愛是不附帶任何條件的。我們毫無條件地付出愛心，因為愛即是一種快樂。無論如何回應，愛永遠不變，快樂也永遠存在。當我們知道自己能夠無條件付出愛，我們就知道自己將回復到本來的狀態。這是多麼愉悅的事情啊！將無條件、不求回報的愛心，當作禮物送給他人，因為無條件奉獻愛心本身即是一件快樂的事情。

「喜」是我們製造出來的一種激極鼓舞的感受，是我們日常行為的指南，指向我們想要前往的，甚至是我們需要前往的方向。我們是愛，而當我們以喜體驗生命，就會明瞭這意味著什麼，找尋並享受生命中快樂和令人振奮的事情。

假設你不清楚什麼是快樂和振奮，那麼就想想你從事某些事物時，那種時間飛逝的感覺。假若時間是過得很快，就意味著你正處在快樂振奮的狀態。假如你在從事某件事情而時間卻過得較慢，那麼這可能代表你並不享受當下所做的事。假如你有能力快快樂樂地做事情，就不要讓大腦告訴你應該怎麼辦。跟隨你的心，於當下盡情體驗你的生命，因為當下就是我們擁有的一切。

我們到此，就是為了以人之觀感享受人生。不以好壞來感觀人生，好與壞是我們創造出來看待事情的不同角度而已。好好享受當下，因為此刻即是所有。過去與未來無法示現，唯有當下的時光才是我們可以安住的。我們需要做的就只是喚醒自我的創造力，享受挑戰。

給自己一點時間好好享受獨處。當你能自我享受，就能享受獨處。當你做這個練習時，也在時間的隧道刻下了記憶。如果你覺得時間過得很慢，那意味著你並不喜歡獨處。假如時間飛逝無阻，那麼你就可能經常享受獨處，時間有可能是當下歡樂指數的指標。你可曾極為享受從事某件事情，然而時間的飛逝讓你覺得其實也沒過多久？當你經驗到只不過是片刻的快樂，而實際上可能已經過了兩個小時。時常享受當下的時光，有可能是更加快樂長壽的秘訣。

與其說我模仿快樂的感受，不如說我本身就是快樂的化身。只要簡單地扮演好我自己，快樂就已盈滿，不需要試圖模仿快樂的感受。了知我們本來就擁有快樂的頻率，而我們只是單純地回到快樂的波動，以喜悅的角度體驗人生。享受人生，並清醒地邁向這個歡樂美好的生活。

快樂是不需要原因的，我們不需要告訴大腦，給快樂的感受一個合理的解釋。有一次，我問女兒為什麼這麼喜歡小狗。她告訴我她喜歡各式各樣的小狗，以及她如何歡樂地與牠們相處。雖然我們當時並沒飼養小狗，她已經能夠感受到擁有一隻小狗，並與牠快樂相處了。她告訴我她這麼喜歡小狗的原因，就是她喜歡小狗。喜歡是沒有任何條件，不是因為小狗會給她什麼才喜歡小狗，她只是喜歡小狗！

發生這件事情時她才四歲，但是她給了一個多麼了不起的理由啊！快樂的理由就只是因為我快樂。我往往都要透過我這個有限的大腦，為自己找尋快樂的理由。我其實可以不理會大腦的理由，就只是快樂。假如你需要快樂的理由，那麼就試試這個：我很快樂，因為我快樂。

讓我們也來談一下關於悲傷吧！傷心是一種極為消耗能量，又降低我們頻率的負面情緒，這可以從我們的身體驗證。當一個人因情緒不穩定而哭泣，她的能量將會耗盡，最後感到疲憊困倦。哭泣的身體非常消耗能量、降低頻率，需要時間恢復和睡覺，我們或許有哭著入睡的經驗。

一種最直接轉換頻率的方法就是禪修，讓自己冷靜下來。讓悲傷遠離，允許悲傷坐在一個小角落，好好自我反省。自問為何悲傷，然後不理會，不爭辯。當你處在靜坐的狀態，你可高舉雙手然後說：「好耶！」想像一個歡樂時光然後高喊「好耶！」想像一下高空彈跳，或是任何能夠讓你大喊「好耶」的動作。你只要重複幾遍，就能夠馬上改變頻率。第一次做或許會感覺自己有點呆，不過沒關係。享受它，然後隨它去。放鬆自己，然後做第二次、第三次。你將會發現自己很快樂，同時感覺自己也能夠自我創造快樂的感覺，因為你就是快樂。

我是真善美

信任這想法，若以社會的角度來看有如一個金庫。例如一個人把一個私人物件交給你保管，而能夠將這個物件取回的人也即是把物件交給你的人，因為你記得這個人是誰。這與今日銀行的運作很雷同，你到銀行去註冊銀行金庫，你將物件寄放在金庫裡面，而當你需要提取物件時，你只須表明身分，銀行就會讓你提領。

善良之光照耀的地方，灰暗是到達不了的，每個人的出發點都是良善的。我們擁有的「連結」以純能量運作著，這當中沒有所謂的我，而是一個完整的整體。這有如手指連著手掌一樣，我們感覺到一只完整的手掌之餘，也能夠感受到個別的手指。我們能夠運用這種特殊的連結，就如我們運用金庫一樣。別人能夠透過與你的連結，從你那兒分享一個觀念，或是提供一個意見。假如他當時需要你幫他保管一個私人物品，你也可以為之效勞。每個人都知道在你的良善之光照耀下，一切都是安全的。到了該提領私人物件之時，你能夠像在金庫註冊過一樣，明確知道該將物件歸還什麼人，因此，信任能以這種方式運作。

我這一輩子不斷在尋求創造、真實和獨特性。我問了許多很有創造性的人，期望得到靈感為這個世界創造出別具個人風格的某個物件。我創立了一個手工藝品公司，這裡的每一樣產品都是獨一無二的。我想單是個人的努力，就足以向世界展現我的獨特。但我認為當中還有不足之處，因為某些手工藝品還是有些相似性，我必須找尋更多的原創。

有一天晚上，我看一部電影時，忽然靈光乍現。我知道每一個體都是偉大的創造者，能夠創造和享受生命的每一個經驗。有一種壓倒性的感覺忽然灌滿全身，我感覺到其實我這一輩子不就都在創造一個獨特的生命？我本身就是編劇家、製片、演員，兼觀眾，不斷在撰寫自己的生命。我的生命歷程就是原創、真實和獨特的創舉。我很欣慰自己透過生活的歷練找到了自己的生命出口，也感激我的家人和朋友與我共同開創這條旅途。對我而言，這一生是美妙的，我希望你也為自己創建了一條獨特的人生路。

還有一天，我在看電影的當下，感覺到有人在監視我，在觀賞之際也同時想著主角下一步會什麼樣的舉動。我有一種怪異的感受，覺得自己這一輩子也有人像觀眾一樣，不斷地觀察著我下一步會怎麼做，我就如自己生命故事的主角一樣。我寫著自己的劇本、導演著自己的故事，扮演著人生的角色，從遠處看著自己，思考著自己在某種情況下會怎麼處理。

我看了最愛的電影好多遍，而每一次都想著如果主角採取不一樣的行動，故事會怎麼演變。如果他裝瘋賣傻，那麼這部電影是否就得歸類為喜劇？如果他行為瘋狂，這部電影豈不是得歸類為探險片？假如他又演又唱呢？就該歸類為音樂劇？這一切的假設使電影分類為：藝術、悲劇、成人、恐怖、動作、驚悚、紀錄、神秘、浪漫、幻想、家庭溫馨片等等。從某個層面來說，我發現這些都發生在我的周遭。只要我具備想像力，就能夠經歷任何我所能夠幻想的，而問題是：「在我的幻想裡，我想體驗些什麼？」

隨著我逐漸長大，我發現自己對某些類別越來越興趣缺缺，但是對某些類別則興致越來越高。我對於暴力、犯罪、驚悚和恐怖片是越來越厭倦，而越來越喜歡紀錄片、戲劇，和愛情故事。我感覺到自己已經看了太多的恐怖片，讓我覺得厭煩。我很疑惑當初為什麼我會看這類片子。是好奇嗎？還是求刺激？為何我不能將好奇心和求知慾放在美好的事物，例如愛情故事或是紀錄片？或許我需要探尋黑暗面的自己，並以這個理由來說服我不屬於那裡。我感覺自己逐漸與之絕緣，那種片子實際上是推動我走向光明。

還有不少電影的製作是為了探尋人們的黑暗面，我覺得別人想要探尋也無所謂，就讓他們透過觀賞這種黑暗的電影去經歷刺激與好奇吧！我知道有一天他們會看懂箇中含意，驅策他們從黑暗走向光明，因為這就是我們的本能，我們就是愛與喜。

我是感恩與無私的愛

沐浴在彩虹般的感恩，將產生不一樣的色彩。當你寬恕時，也會有類似的感覺，你會從自身發出一道彩虹，因為你就是光。當我們感恩時，自身的光譜將散發出不同的光輝。每個人的色彩各有不同，所以不要對下面的例子望文生義。

例如在一輛擁擠的公車內，你看著一個家長牽著一個小孩，隨著車子的移動，大人和小孩就左搖右擺。當你讓座給他們時，就製造了一個感恩，沐浴在一抹溫柔外射的淺色藍光之中。當你將他人的擔憂轉為感恩的同時，就強化了自身的某些光譜。

另一個例子，當別人送你一份禮物，你很感激他們的慷慨。當你有了這種感激之情，就會散發出黃澄的光。當你提供了富足、才華，或是感激等等，就強化了你自身某些其他光譜。光環的顏色為什麼是藍的、黃的，或白的？那都無關緊要。假如你感覺自己沐浴在不同的顏色，你就是。彩虹的顏色只不過是一種人類視覺的類比，不包含在彩虹顏色的，還有棕色、灰色、白色、粉紅色等等。最終這些顏色還會互為融合而創造出白色光。我們是光，讓我們體驗所有感恩的光譜，強化所有光的頻譜吧！

有一次，我在一家餐廳外面排著隊，看見一位先生把蕃茄醬擠到小盤子沾薯條。這位個子矮小的老先生用力地擠壓著，但是擠出來的蕃茄醬卻不多。我看著他，心裡盤算著是否該幫幫他。我觀察著他，但發現緊接著就輪到我點餐了，櫃台小姐揮手示意我可以點餐。我看著她，然後往後一靠，想著或許我可以問他是否需要幫忙。根據我的經驗，那些擠壓器實在不太好用。我慣性地輕聲問他是否需要協助，他二話不說就鬆了手，讓我幫他服務，我在幫助他的時候感到很開心。

容器裡面的蕃茄醬已剩不多，而這正好讓我有機會幫他的忙！他接著就去吃他的餐點，而我繼續點我的餐。我當時準備找個位子享用餐點，因為隻身一人，所以不打算占用大桌子。當時餐廳正處忙碌時段，我找到了一個小圓桌，桌面凌亂，擺著一些報紙和半罐用掉的糖漿，桌子還被糖漿滴的黏答答。既然桌子足夠兩個人坐，我就把罐子推到一邊，把桌子擦乾淨，坐在一角享用餐點。我隨身帶著一本書，所以享用餐點的同時也盡情享受看書的樂趣。雖然我的專注力在書本上，但我眼角還是可以看到桌子一邊黏膩的糖漿罐。忽然間，有一個人將它拿起來丟進垃圾桶。

我當時感到又高興又感激。接著，一堆想法就在我腦海生起。我看著該男子，然後發現他也是一個顧客。他看來健朗有活力，好像經常有在做運動。這時我腦海中起了更多的念頭，我嘗試理出一個頭緒，而腦海中生起更多的疑問。一個顧客怎麼會有這樣的舉動呢？他是否在我來之前就坐在這個位子上？正當我試圖解開謎團，我開始笑了。我知道我不可能從大腦中得到解答。反之，我問了自己這樣的問題：「為什麼我不能夠單純地享受這種美好的感覺，讓別人拿走那黏膩噁心的罐子，而我好好享用餐點不好嗎？」

我思索著這種新感受的同時，望了望那個我幫忙擠番茄醬的老頭兒，他正獨自一個在另一桌享用著餐點。他是否也疑惑過我為何幫他？我不假思索地將這個問題放下，然後以一種感激和美麗的心情看著乾淨的桌子。這下子其他理性思維就變得和我無關了。我不需要任何理由來體驗快樂，允許自己只是單純地享受快樂。

當某人為他人做了一件好事，他需要一個理由嗎？他是否能夠單純地提供服務不求回報？當我們接受他人的幫助時，是否能夠只是接受，不去做任何邏輯思考尋求答案？我們是否能簡單地扮演接受協助者，好好享受這份善意？我們不需要大腦來感知這一切，只需要好好感受，成為其中的一份子。雖然我們的大腦能夠做推理思考得出答案，我們可以只是承認這個事實，不去爭論，然後允許我們的感受和振動發揮作用。當我們接收到的振波，也就是我們散發出去的振波的來源，也許這就是最簡單的方法，這或許就是我體驗無私之愛最切身的體驗。我分享這個經驗時也體驗到樂受，透過分享這些經驗，我對無私的愛又邁進了一步。

我們都是光

我們如何知道光明是存在的？我們需要視覺和能源放射光芒，視覺和光芒的組合能夠產生我們稱之為「光」的東西。從本質上來說，兩者都需要共生光明才有可能存在。如果沒有眼睛，亮光如何存在？如果視覺只能夠見到黑暗，那麼亮光算什麼？我們知道亮光的存在，因為我們能用眼睛看到，能用儀器測出它的強度。我們能夠用能量、頻率、波長、光子等字眼來形容光明，用「光明」作為「黑暗」的反義詞。

那麼我們是如何知道黑暗的存在呢？黑暗存在於沒有光明時。如果光明存在是一個事實，那麼黑暗只存在於失去眼識，或是失去能源之時。如果你有眼識但沒有光源，那麼你見到的就只是黑暗。如果你有光能卻沒有眼睛，你也只能見到黑暗。總的來說，只有在沒有眼根或是毫無光源的情況下，黑暗才會存在。這就是我們所能夠理解的，不是嗎？

我多年來一直作著同一個夢。一夜，同一個夢境又在我腦海中出現。我有一種我曾經做過同一個夢境的感受，而且很篤定自己正在作夢。我開始觀察夢境，仔細觀察所見的顏色和光的亮度，然後開始問自己一個問題。

「如果這是夢境，那麼我現在正閉上眼睛躺在床上，那麼我到底看到的是什麼？為什麼我能夠在夢中見到光，有時候甚至見到顏色？」我對自己的問題感到好奇，然後開始甦醒。隨著我對夢境的覺知能力越強，這個問題便繼續發酵。其中一個可能的解釋就是，事實上我們自身便是亮光。我們有能力發出光、在沒有自覺的情況下感知光。但很難用知性的方式去解釋這個洞見，或許必須另覓他方。我一直都透過身心靈的方向探尋，而答案就與我們的心靈有直接的關係。當我們處在夢中時，身體的感知能力是不同的。你是否曾在夢中感到驚悚，嘗試想要逃跑卻感到極度麻煩和困難？假如我們想運用智力解決夢中的這些問題，恐怕是行不通的，因為大腦對事情的詮釋在夢中可能是不一樣的。

當我們的身體處在作夢的休眠狀態，另一種認知模式就會取而代之。我們的靈性可能會以為與外界斷絕而得以提升。我假定當我們睡覺時，我們的軀體姿勢是舒適的，而且沒有雜音，光線相對較暗。當我們睡覺時，不受外界的色、聲、香味干擾，身體幾乎處在完全放空，我們最終得到休息，靈性能有機會發光。我們在這個狀態下較能連結到本源。當我們最終能夠在夢中起觀照，就能夠經歷靈性的狀態，開拓我們真正的潛能。我們的軀體有極限，除非解開身體的枷鎖，否則就不可能完全體驗到最真實的「自性」。然後，觀察我們的處境，最後，見自己脫離這個處境，並理解呈現在我們眼前的實境背後的真正意涵。

為什麼我們分明是閉上眼睛，但在睡夢中還能夠見光？我本以為光和視覺應該是互存的。顯然地，我們是可以在黑暗中閉上眼睛時見到光的。我們就是光，我們有能力與自我內在閃出亮光，只不過我們的思維、情緒、行為阻斷了我們的內在之光。了知思維、情緒和行為，了知這一切，我們才能夠理解我們生存於世的目的，這樣我們才能夠扮演好我們在這個社會的角色和作用。

切勿傷害自己或他人，我們是為愛與喜而存在。我們都是自己過去、現在和未來的綜合體，全部都是一體性的。我們到此是為了在不同的情境之下學習和成長，以了知和反省我們的內在自我。透過觀察我們的內在自我，就能夠了知我們的過去和我們的未來，也能夠扮演好我們當下的角色。我們眼前所展現出來的實景，就不會模糊了我們的真正目的，那麼我們也就能夠安住並容於當下。

我們是光，從光而來，卻不斷在找尋光明。我們透過黑暗和不同程度的亮光對比，往亮光、慈愛、喜樂的方向前進的當兒找到自己。我們也曾幾度經歷黑暗的時刻，在那種暗無天日中，一絲絲的曙光將可能成為我們生命中最閃亮的燈塔。我們要如何覓得光明、親近光明都得靠自己，因為我們自己就是光明。

國家圖書館出版品預行編目（CIP）資料

遇見，最真實的自己：找回被遺忘的愛與喜 /
楊宗樺著 ; 劉宜霖譯. -- 二版. -- 新北市 : 大喜
文化, 2014.11
面 ;　公分. --（淡活智在; 4）
ISBN 978-986-91045-3-1(平裝)

1. 靈修

192.1　　　103020695

淡活智在04

遇見，最真實的自己：找回被遺忘的愛與喜

作　　者　楊宗樺
譯　　者　劉宜霖
主　　編　曾一倫
責任編輯　林香婷
發 行 人　梁崇明
出　　版　大喜文化有限公司
P.O.BOX　中和市郵政第 2-193 號信箱
發 行 處　23556 新北市中和區板南路 498 號 7 樓之 2
電　　話　（02）2223-1391
傳　　真　（02）2223-1077
E-mail　joy131499@gmail.com
銀行匯款　銀行代號：050，帳號：002-120-348-27
　　　　　臺灣企銀，帳戶：大喜文化有限公司
劃撥帳號　5023-2915，帳戶：大喜文化有限公司
總經銷商　聯合發行股份有限公司
地　　址　231 新北市新店區寶橋路 235 巷 6 弄 6 號 2 樓
電　　話　（02）2917-8022
傳　　真　（02）2915-7212
舊　　版　西元2013年04月
二　　版　西元2014年11月
流 通 費　新台幣 280 元
網　　址　www.facebook.com/joy131499

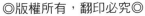